Insight

Reflexões para uma Vida Melhor

Daniel C. Luz

DVS EDITORA

DVS Editora Ltda.
www.dvseditora.com.br

Daniel C. Luz

Insight

Reflexões para uma Vida Melhor

DVS Editora Ltda.
www.dvseditora.com.br

Insight - Reflexões para uma Vida Melhor

Digitação: Gisleine Aparecida Daneluz e Lucia de Oliveira Martins
Produção Gráfica, Diagramação e Capa: Spazio Publicidade e Propaganda

Dados Internacionais de Catalogação na Publicação (CIP)
(Câmara Brasileira do Livro, SP, Brasil)

Luz, Daniel C.
Insight / Daniel C. Luz. -- São Paulo:
D.C. Luz, 2001.

1. Crônicas brasileiras 2. MeditaçõesI. Título.

99-0660 CDD-869.935

Índices para catálogo sistemático:

1. Crônicas: Século 20: Literatura brasileira
869.935
2. Século 20: Crônicas: Literatura brasileira
869.935

“Algumas pessoas entram e saem
de nossa vida silenciosamente;
outras ficam um pouco e deixam
marcas em nossos corações;
daí em diante, jamais seremos
as mesmas.”

Anônimo.

ÍNDICE

Agradecimentos 11
Prefácio 13
Esclarecimentos 15
1. O erro, caro Brutus, não está nas estrelas 19
2. Entusiasmo 23
3. O fracasso pode ser, e deve ser um motivador 27
4. Excelência, o voo sublime 31
5. Águia ou galinha? 35
6. O que você busca? 39
7. Ousadia 43
8. O povo da caverna (você vai partilhar a luz?) 47
9. Pensamento criativo e imaginação 51
10. Faça perguntas 55
11. Invista em você mesmo 61
12. Apologia ao erro 65
13. A bela arte de errar 69
14. Você pode chegar lá! 73
15. Sim, você consegue! 77
16. Considere isto 81
17. Sonhando acordado 85

18. Lá vem o sonhador 89
19. O poder de uma semente 93
20. Não desista 97
21. Vontade resoluta 101
22. Uma pedra no caminho 105
23. Quem o impede de progredir? 107
24. A roda da infelicidade 111
25. Oportunidade sob seus pés 115
26. Saiba para onde está indo 119
27. Alice, é você? 125
28. Mantenha sua meta distante dos frustrados 129
29. Quem quer fazer alguma coisa encontra um meio 133
30. Trocando de cabeça 137
31. Do que você tem medo? 141
32. Medo: o ladrão de alegria 145
33. O melhor presente 149
34. Elogio e encorajamento 153
35. Você poderia simplesmente me ouvir 157
36. À procura de abrigo 161
37. Lealdade 165
38. Irritações 169
39. O problema de agradar a todos 173
40. Mais uma vez... Obrigado! 177
41. Apenas sorria! 181

42. Declaração de Bens....185
43. Quem está avaliando a excelência que há em você?....189
44. Horas, o que são?....193
45. Tempo e oportunidade....197
46. Pare de adiar....201
47. Quanto tempo você viveu?....203
48. *Carpe diem*....207
49. Descanso e reflexão....211
50. Síndrome de procusto....215
51. Res-sen-ti-men-to....219
52. Uma questão de focalização....223
53. Jactância: o peso do "eu"....229
54. Como você diz as coisas?....233
55. Bajulação *versus* elogio....237
56. Recomendação para gente jovem....241
57. A tristeza que é um livro não lido....245
58. Amigos: riscos e recompensas....249
59. Amigos especiais....253
60. Querida professora....257
61. Pai....261
62. Nosso herói: o pai....265
63. Querida mãe, obrigado.......269

AGRADECIMENTOS

Ninguém escreve um livro sozinho. Foi o que aconteceu com estas páginas. Embora subscritas por mim, elas não veriam a luz do dia sem a contribuição e participação de um elevado número de pessoas.

Devo uma singular palavra de gratidão à Diretoria da Sachs e, em particular, a Roberto Pinheiro, diretor de Marketing, pelo grande apoio. Também não poderia deixar de mencionar o paciente trabalho de digitação de Gisleine Aparecida Daneluz e Lucia de Oliveira Martins.

A vocês sou muito grato.

Daniel de Carvalho Luz

Março de 1999

PREFÁCIO
10 ANOS DE INSIGHT

Em 2009 o Insight completou dez anos. Durante estes dez anos foram muitos leitores que escreveram sobre a importância deste livro em suas vidas, agradecendo e dizendo frases generosas tais como: *"O Insight mudou minha vida"*. Isto naturalmente deixa qualquer autor honrado e feliz. É exatamente assim que me sinto. Muito obrigado!

Mas entendo que, o que muda uma vida, não é uma simples leitura de um livro. Este ato contribui de maneira ínfima se comparado com a atitude, a disposição e vontade de crescer.

Crescer!

O crescimento entendido como um processo permanente de desenvolvimento e aprimoramento do pleno potencial para **UMA VIDA MELHOR**.

Entretanto, é comum fazer-se perguntas a respeito do crescimento: como crescer ou melhorar? Em quais dimensões da vida devo buscar melhoria e crescimento? Na profissional, na intelectual, na física, na psicoemocional ou na espiritual?

A resposta para ir direto ao ponto pode ser encontrada na analogia com o "bonsai". Delicada e de beleza inigualável, a arte do "bonsai", pacientemente cultivada pelos japoneses, resulta em uma árvore adulta contida em um pequeno vaso, para ser admirada pela pessoa em sua sala de estar. O crescimento limitado do vegetal é determinado por um tratamento detalhado. Sendo o espaço de enraizamento o mais importante dos cuidados. O "bonsai" é pequeno, porque o espaço físico para o crescimento é limitado. Nele, a árvore amadurece, mas não cresce como seria normal se plantada em amplo terreno.

Crescer é soltar as amarras (a vontade), decidir-se por um ponto a ser alcançado (o objetivo), acelerar os motores e manter firme o curso... para vencer!

Equivocadamente, muitas pessoas descuidam do seu crescimento em todas as dimensões da vida pessoal, incluindo aspectos de sua saúde física e psicoemocional, detalhes da vida espiritual, familiar e profissional. Tornam-se, com efeito, vítima da própria imprudência e lamentam "a falta de sorte e oportunidades, quando preteridos nas oportunidades que a vida oferece ou quando os reveses lhe pegam completamente distraídos e despreparados.

É vós corrente na sabedoria popular que "para os fracassados, temos justificativas e para o sucesso temos histórias!" Algumas delas contadas neste livro, que espero que possa contribuir para despertá-lo para a ação na busca de seu crescimento, sucesso e conquista de uma VIDA MELHOR.

Daniel de Carvalho Luz
Julho de 2009

ESCLARECIMENTOS

"Uso não só a inteligência que tenho,
mas também toda que eu puder tomar emprestado."
Woodrow Wilson

Ler, condensar e escrever reflexões sobre o que leio, sempre foi para mim algo altamente gratificante.

A sensação, ao escrevê-las, é de estar contribuindo não só para a divulgação de temas importantes, mas também para registrar momentos de reflexão a respeitodo nosso papel como profissionais, no contexto de melhoria constante da qualidade, e a necessidade da participação de todos na prática de criação diária de um novo tipo de organização que respeite as pessoas, encorage a expressão absoluta de seus funcionários. Que assumam um compromisso de tornar seu local de trabalho mais alegre, humano, positivo, prazeroso, respeitável, saudável e estimulante.

Periodicamente tenho tecido comentários acerca da importância da conscientização e reconhecimento do nosso potencial como pessoas e profissionais na busca da excelência.

Minha permanente paixão cultural (já deixei claro em outros trabalhos) é ajudar as pessoas a se autoajudarem. Acredito ser esta minha principal vocação e missão. Quero fazer diferença na vida das pessoas!

Daí veio a ideia de fazer uma coletânea, passando a pesquisar diversas fontes, ou seja, livros, revistas, artigos, escritos diversos, aproveitando da leitura apenas o que estivesse de acordo com minha concepção de vida, surgindo, deste modo, meu livro: Insight.

O "INSIGHT" continuará tendo o pretensioso objetivo de levar às pessoas um pouco mais de reflexão. Conterá temas a respeito de questões centrais do nosso cotidiano, como por exemplo: pensamento, sucesso, êxito, verdade, otimismo, palavra, educação, qualidade, excelência, vontade, amizade, sabedoria, liberdade, etc.

Neste sentido, o "INSIGHT" pretende ser uma janela para se contemplar e refletir sobre estes temas por um outro prisma.

Não tenho a menor pretensão de dizer que sou escritor, mas apenas um estudioso e pesquisador de fatos importantes que marcam nossas vidas. Eu diria, parafraseando Montaigne:

"...Pode-se dizer a meu respeito que apenas montei um buquê com as flores de outros autores, e nada trouxe de meu próprio a não ser o cordão que as une, o qual lhe ofereço com prazer."

Espero que nestas páginas encontrem a ajuda, o apoio e o estímulo, para dar o passo seguinte no caminho de seu crescimento pessoal.

Boa leitura! Sucesso!

Daniel de Carvalho Luz

Março de 1999

“

Homens e mulheres são limitados não por seu lugar de nascimento, nem pela cor de sua pele, mas pelo tamanho de sua esperança.

”

John Johnson

"O ERRO, CARO BRUTUS, NÃO ESTÁ NAS ESTRELAS..."

"O destino não é uma questão de sorte;
é uma questão de escolha.
Não é algo pelo que se espera,
mas algo a alcançar."
Willian Jennings Bryan
(1860-1925)

Nos milhões de palavras escritas por William Shakespeare, descobri uma citação que considero uma lança criativa, porque é aguçada e vai direto ao ponto. Acho que se aplica de modo especial àqueles que se consideram injustiçados pela sorte.

Como é que você se vê? Como uma pessoa de sorte, ou como alguém para quem "nada dá certo"? Acha que é daqueles que tiram o máximo das coisas boas da vida? Ou acha que está entre os que têm de carregar um peso maior de tristezas do que seus ombros mereciam?

Sempre que pensamos nos nossos sonhos que não se realizaram, nas esperanças que frustraram, a primeira ideia que nos ocorre é a de pôr a culpa em algo, ou alguém a quem chamamos "destino" ou "sorte", seja boa, seja má. Ora... Mas que sentido faz isto?! Há gente que resolve tudo, conformando-se com frases como "É porque estava escrito nas estrelas"... ou: "Os astros resolveram assim." Dependendo da crença religiosa, racionalizamos: "Foi vontade de Deus." Inventamos as ideias mais absurdas para encobrir os nossos fracassos ou nossas falhas.

A "sorte", somos nós que a fazemos, boa ou má, de acordo com o nosso comportamento (pensar, planejar e agir). Shakespeare consegue resumir tudo numa frase de Júlio César, quando diz: "Os homens, em certos momentos, são senhores de seus destinos. O erro, caro Brutus, não está nas estrelas, mas em nós."

Seríamos, sim, senhores de nossos destinos, se aprendêssemos a converter pensamentos em ações, direcionando-as no sentido de dar vida ao potencial criativo que há em nós.

Tudo dá certo, sempre que alinhamos pensamento e objetivo: são aqueles momentos em que nos tornamos senhores de nosso destino.

Se fosse possível fazer voltar o passado, todo o passado, para que pudéssemos tê-lo à nossa frente como uma cena de teatro, e o analisássemos nos mínimos detalhes, seria fácil ver onde erramos. Seria facílimo perceber em que ponto do caminho deixamos a trilha certa, para seguir o imprevisível caminho de uma estrela qualquer. Então, sim, veríamos onde estava o erro. O nosso erro. Sim, porque quem escolheu o caminho fomos nós. Deus nos deu a vida, mas deu-nos também o livre arbítrio, o direito (ou dever?) de escolher. Somos nós os responsáveis pelas nossas escolhas, certas ou erradas, que constroem ou destroem um sonho.

A qualquer momento, se assim o desejarmos, é possível mudar de decisão e partir em busca de uma vida melhor. As estrelas devem ser deixadas em paz. Elas não têm nada a ver com o seu problema, ou com o meu. Você e eu, sim, é que somos responsáveis por nossos atos.

O sucesso não depende tanto das influências externas quanto das atitudes e resoluções interiores. Nosso destino não está nas estrelas, mas nas nossas próprias mãos. Podemos não ter o poder de mudar o mundo, mas podemos mudar a nós mesmos.

Sugestão para leitura:

ANTHONY, Robert. "50 Ideias que podem mudar sua vida." São Paulo: Best Seller, 1982.

HILL, Napoleon. "Plano de ação positiva." Rio de Janeiro: Record, 1997.

“

A esperança é algo que traz o sol às sombras das nossas vidas. É nosso vínculo com um amanhã melhor. Quando a esperança se vai, também se vai nossa força vital. Enquanto a esperança permanece viva, também permanece nossa determinação de prosseguir.

”

Yitta Halberstam

ENTUSIASMO

"Os anos deixam rugas na pele,
mas a perda de entusiasmo
deixa rugas na alma."
Michel Lynberg,
escritor

O que é entusiasmo? É algo misterioso que transforma uma pessoa comum em indivíduo excepcional. Sendo simples assim, é entretanto uma das palavras menos compreendida de uma língua.

Entusiasmo – a palavra vem de duas palavras gregas "en" e "theos".Literalmente traduzida significa, "em Deus". Falamos de tais pessoas como inspiradas. O entusiasmo torna uma pessoa velha, jovem; e sem ele, o jovem se torna velho. É a primavera oculta de energia inesgotável. É aquela força bonita que nos conduz da mediocridade à excelência. Ilumina com aspecto brilhante um rosto triste, até que os olhos cintilem e a personalidade se ilumine com alegria. É o carisma que atrai pessoas prestativas e alegres para se tornarem nossos amigos produtivos. É a fonte emocional prazerosa que borbulha, atraindo pessoas para nosso lado e absorvendo a alegria que brota do nosso coração. É a canção alegre de uma pessoa positiva que canta uma mensagem inspirada ao mundo:

"Eu posso! É possível! Nós o faremos!"

Entusiasmo é a fonte da eterna juventude, procurada há tanto tempo. Anciões pararam para beber seu elixir e repentinamente tiveram sonhos novos. Forças novas, misteriosas, miraculosas e maravilhosas surgiram de ossos desgastados. O desencorajamento desapareceu como a neblina da manhã, com o brilho do sol. De repente, você se vê assobiando, notando os pássaros voando, observando a forma gloriosa das nuvens brancas em contraste com o céu azul. Do fundo de você mesmo uma canção nova brota. Assobia. Canta. Agora está vivo novamente.

O entusiasmo não admite senão o sucesso. É surdo à voz do desânimo. O entusiasmo, com um grau moderado de sabedoria, levará um homem muito mais longe do que o levaria qualquer dose de inteligência sem ele. Os homens que exerceram a mais poderosa influência no mundo não foram tanto homens de gênio, quanto homens de fortes convicções e inesgotável capacidade de trabalho, impelidos por irresistível entusiasmo e invencível determinação.

O entusiasmo abrirá uma porta quando as outras chaves falharem.

Como anda seu entusiasmo? Como anda seu entusiasmo pelo Brasil, pela sua empresa, pelo seu emprego, pela sua família, pelos seus filhos, pelo sucesso de seus amigos?

Se você é daqueles que acham impossível entusiasmar-se com as condições atuais, acredite – jamais sairá dessa situação. É preciso acreditar em você. Acreditar na sua capacidade de vencer, de construir sucesso, de transformar realidade. Deixe de lado o negativismo. Deixe de lado o ceticismo. Abandone a descrença e seja entusiasmado com sua vida e, principalmente, entusiasmado com você. Você verá a diferença.

Sugestão para leitura:

FILHO, Marins Luiz A. "Socorro! preciso de motivação." São Paulo: Harbra, 1994.

“Sucesso é uma questão
de não desistir,
e fracasso é uma questão de
desistir cedo demais.”

Walter Burke

O FRACASSO PODE SER, E DEVE SER UM MOTIVADOR

"Fracasso não será fracasso,
se dele tirarmos uma lição."
Dr. Ronald Niednagel

Para ter êxito em se tornar a pessoa que deseja ser, elimine de uma vez por todas o problema persistente chamado MEDO DO FRACASSO.

Todos, em uma ou outra ocasião, se sentiram um completo fracasso. Muitos deixaram que esse medo os destruísse. Na verdade, o medo é muito mais destrutivo do que o fracasso, e em todas as áreas da vida, esse medo pode derrotá-lo antes que você comece.

Você pode imaginar soluções, pode ter ideias criativas, mas até que elimine o temor do fracasso, seu projeto jamais entrará no campo das realizações. Suas metas transformar-se-ão em pântanos, onde suas melhores ideias se afundarão. Ao invés de o animar, sufocá-lo-ão.

O que é que nos faz ter medo do fracasso? É a preocupação com o que os outros possam pensar. "O que é que eles vão dizer?", pensamos, como se fracassar fosse o maior dos escândalos. Supomos que, porque cometemos um ou vários erros, somos uns fracassados e, portanto, estamos condenados para todo o sempre. Que suposição mais ridícula! Quantas pessoas vencem em todos os aspectos da vida? Nenhuma. As pessoas mais bem-sucedidas são as que aprendem com seus erros e transformam os fracassos em oportunidades. Todas as descobertas científicas, todas as iniciativas nos negócios e todos os casamentos felizes resultaram de uma série de fracassos. Ninguém tem sucesso sem eles.

O fracasso significa que você fez um esforço. Isto é bom. O fracasso lhe dá a oportunidade de aprender uma maneira melhor de agir na ocasião seguinte. Isto é positivo. O fracasso lhe ensina alguma coisa e lhe aumenta a experiência. Isto é muito útil. O fracasso é um fato, nunca uma pessoa; uma atitude, não um resultado; uma inconveniência temporária; um meio para se alcançar alguma coisa. Nossa reação determina até que ponto ele pode ser útil. Podemos eliminar o fracasso da nossa vida, dando outra definição ao seu significado.

Fracasso não significa que você é um fracassado... Significa que você ainda não teve êxito.

Fracasso não significa que você tem sido tolo... Significa que você teve muito otimismo.

Fracasso não significa que você foi desacreditado... Significa que estava disposto a tentar.

Fracasso não significa que você tem falta de capacidade... Significa que você deve fazer algo de modo diferente.

Fracasso não significa que você é inferior... Significa que você não é perfeito.

Fracasso não significa que você desperdiçou sua vida... Significa que você tem motivos para começar de novo.

Fracasso não significa que você deve desistir... Significa que deve lutar com maior afinco.

Fracasso não significa que você jamais alcançará sua meta... Significa que vai levar um pouco mais de tempo.

Fracasso não significa que Deus o abandonou... Significa que Deus tem uma ideia melhor!

Anule o medo do fracasso e prossiga!

Sugestão para leitura:

ZIGLAR, Zig. "Além do topo." Rio de Janeiro: Record, 1994.

“

Já vi cavaleiros de armadura entrarem em pânico à primeira vista da batalha. Vi um humilde escudeiro desarmado arrancar uma lança de seu próprio corpo para defender um cavalo agonizante. A nobreza não é um direito inato; ela é definida pelos atos da pessoa.

”

Kevin Costner como Robin Hood, em Robin Hood, o príncipe dos ladrões.

EXCELÊNCIA, O VOO SUBLIME

"...é gosto pervertido satisfazer-se com a mediocridade quando o ótimo está ao nosso alcance".
Isaac D´Israeli, 1834

A águia empurra gentilmente seus filhotes para a beirada do ninho. Seu coração maternal se acelera com as emoções conflitantes, ao mesmo tempo em que ela sente a resistência dos filhotes aos seus persistentes cutucões: "Por que a emoção de voar tem que começar com o medo de cair?", ela pensou. Esta questão secular ainda não estava respondida para ela....

Como manda a tradição da espécie, o ninho estava localizado bem no alto de um pico rochoso, nas fendas protetoras de um dos lados dessa rocha. Abaixo dele, somente o abismo e o ar para sustentar as asas dos filhotes. "E se justamente agora isto não funcionar?", ela pensou.

Apesar do medo, a águia sabia que aquele era o momento. Sua missão maternal estava prestes a se completar. Restava ainda uma tarefa final.... o empurrão.

A águia tomou-se da coragem que vinha de sua sabedoria interior. Enquanto os filhotes não descobrirem suas asas, não haverá propósito para sua vida. Enquanto eles não aprenderem a voar, não compreenderão o privilégio que é nascer uma águia. O empurrão era o maior presente que ela podia oferecer-lhes. Era seu supremo ato de amor. E então, um a um, ela os precipitou para o abismo... e eles voaram!

Voar em alturas sublimes, nada de escavar à procura de vermes, nem de esgaravatar em busca de insetos, como galinhas num galinheiro, mas voar bem alto como uma águia poderosa... vivendo acima da mediocridade, recusando-se a permitir que a maioria estabeleça seus padrões. Ser diferente de propósito. Mirar alto. Voar em alturas sublimes não é coisa que advém naturalmente – você o sabe – tampouco é fácil. Contudo, pode acontecer, creia-me.

Já faz muito tempo que a mediocridade tenta fazer-nos obedecê-la! Já faz muito tempo que damos atenção aos que nos perguntam: "Por que ser diferente?", ou que racionalizam: "Vamos fazer apenas o mínimo exigido."

Já faz muito tempo que concordamos em dar menos do que o melhor de nós, e ficamos convencidos de que a qualidade, a integridade e a autenticidade são virtudes negociáveis.

Você pode chamar-me de sonhador, se quiser, mas estou convencido de que a realização de nosso potencial integral ainda é um objetivo que vale a pena exigir o ótimo, ainda que a maioria boceje e alguns zombem de nós. Afirmo tudo isto, ainda que, de vez em quando, eu não alcance meus objetivos. Lembre-se de que o erro não está no insucesso.

De certo modo, penso que não estou a sós. Embora possam não existir milhões de pessoas que pensem assim, é certo que existem algumas. E é provável que você esteja entre estas, porque de outra forma você não estaria lendo este "artigo".

Assim, cara águia companheira, levantemos voo! Quando houvermos terminado este voo, teremos firmado um compromisso inédito com uma vida de excelência em tudo. Estaremos tão encorajados que duvido que possamos sentir-nos satisfeitos em viver nas adjacências da mediocridade outra vez. E por que deveríamos satisfazer-nos lá embaixo? É lá que a vida fica insossa, maçante, previsível e cansativa. Talvez a palavra que a descreva melhor seja entediante, o resultado direto da mira baixa. Ergamos nossos olhos e miremos tão alto que possamos começar a fazer aquilo para que Deus nos criou: um voo sublime.

Há milênios a águia tem sido respeitada pela sua grandeza. Existe algo inspirador na graça impressionante de seu voo, em sua magnífica envergadura, em suas garras poderosas. Ela plaina sem qualquer esforço em altitudes, insensível aos ventos turbulentos que sopram como chicotadas por entre as fendas das montanhas. As águias não voam em bandos e tampouco se conduzem irresponsavelmente. Por serem fortes de coração e solitárias, representam qualidades que admiramos.

Certamente você está ciente do fato de o estilo de vida semelhante ao da águia não ser barato. Custa caro ser diferente, especialmente quando a maioria está satisfeita em misturar-se e permanecer como maioria. Não há ímãs na terra mais poderosos do que a pressão exercida pelos medíocres. Embora todos nós tenhamos apenas uns poucos anos para viver neste pequeno planeta, são raras as pessoas que tomam a decisão de desprezar a "média" e lutar contra a atração forte dos ímãs medíocres. Enfrente o fato – a tarefa é dura! É como diz o velho provérbio: "É duro alçar voo altaneiro, sublime, quando estamos rodeados de tantas galinhas!"

Pense nisso!

Sugestão para leitura:

STAPLES, Walter D. "Pense como um vencedor."

DAVID, McNally. "Até as águias precisam de um empurrão."Rio de Janeiro: Pronet, 1995.

"A águia gosta de pairar nas
alturas, acima do mundo,
não para ver as pessoas de cima,
mas para estimulá-las
a olhar para cima."

Elisabeth Kubler - Ross

ÁGUIA OU GALINHA?

"Não interessa, repito, o que os outros possam pensar,
dizer ou fazer. Nós precisamos buscar
nossos limites máximos, não apenas boiar à deriva,
ao sabor da correnteza, ou de má vontade apanhar
uma onda e deixar-nos levar à praia.
Não. Devemos voar."
Charles R. Swindoll.

Uma das parábolas mais bonitas de que já tomei conhecimento foi contada por James Aggrey e relatada por Leonardo Boff no bonito livro "A águia e a galinha".

Conta Aggrey: "Era uma vez um camponês que foi à floresta vizinha apanhar um pássaro para mantê-lo em sua casa. Conseguiu pegar um filhote de águia. Colocou-o no galinheiro junto com as galinhas. Comia milho e ração própria para galinhas, embora a águia fosse o rei / rainha de todos os pássaros.

Depois de cinco anos, este homem recebeu a visita de um naturalista. Enquanto passeavam pelo jardim, disse o naturalista:

– Esse pássaro aí não é uma galinha. É uma águia.

– De fato – disse o camponês. – É águia. Mas eu a criei como galinha. Ela não é mais uma águia. Transformou-se em galinha como as outras, apesar das asas de quase três metros de extensão.

– Não – retrucou o naturalista. – Ela é e será sempre uma águia. Pois tem um coração de águia. Este coração a fará um dia voar às alturas.

– Não, não – insistiu o camponês. – Ela virou galinha e jamais voará como águia.

Então decidiram fazer uma prova. O naturalista tomou a águia, ergueu-a bem alto e desafiando-a disse:

– Já que de fato você é uma águia, já que você pertence ao céu e não à terra, então abra suas asas e voe!

A águia pousou sobre o braço estendido do naturalista. Olhava distraidamente ao redor. Viu as galinhas lá embaixo, ciscando grãos. E pulou para junto delas.

O camponês comentou:

– Eu lhe disse, ela virou uma simples galinha!

– Não – tornou a insistir o naturalista. – Ela é uma águia. E uma águia será sempre uma águia. Vamos experimentar novamente amanhã.

No dia seguinte, o naturalista subiu com a águia no teto da casa. Sussurou-lhe:

– Águia, já que você é uma águia, abra suas asas e voe!

Mas quando a águia viu lá embaixo as galinhas ciscando o chão, pulou e foi para junto delas.

O camponês sorriu e voltou à carga:

– Eu lhe havia dito, ela virou galinha!

– Não – respondeu firmemente o naturalista. – Ela é águia, possuirá sempre um coração de águia. Vamos experimentar ainda uma última vez. Amanhã a farei voar.

No dia seguinte, o naturalista e o camponês levantaram bem cedo. Pegaram a águia, levaram-na para fora da cidade, longe das casas dos homens, no alto de uma montanha. O sol nascente dourava os picos das montanhas.

O naturalista ergueu a águia para o alto e ordenou-lhe:

– Águia, já que você é uma águia, já que você pertence ao céu e não à terra, abra as suas asas e voe!

A águia olhou ao redor. Tremia como se experimentasse nova vida. Mas não voou. Então o naturalista segurou-a firmemente, bem na direção do Sol, para que seus olhos pudessem encher-se da claridade solar e da vastidão do horizonte.

Nesse momento, ela abriu suas potentes asas, grasnou com o típico kau-kau das águias e ergueu-se soberana, sobre si mesma. E começou a voar, a voar para o alto, a voar cada vez para mais alto. Voou... voou... até confundir-se com o azul do firmamento..."

A parábola de James Aggrey é realmente esplêndida. Evoca dimensões profundas do espírito, indispensáveis para o processo de realização humana: o sentimento de autoestima, a capacidade de dar a volta por cima das dificuldades quase insuperáveis.

Cada pessoa tem dentro de si uma águia. Ela quer nascer. Sente o chamado das alturas. Busca o Sol. Por isso somos constantemente desafiados a libertar a águia que nos habita.

Uma águia tem dentro de si o chamado do infinito. Seu coração sente os picos mais altos das montanhas. Por mais que seja submetida a condições de escravidão, ela nunca deixará de ouvir sua própria natureza de águia que a convoca para as alturas sublimes.

As pessoas que alçam voo sublime são as que se recusam a deitar-se, a suspirar e desejar que as coisas mudem! Tais pessoas não reclamam sua sorte e tampouco sonham, passivamente, com algum navio longínquo que vai chegando. Em vez disso, visualizam em suas mentes que não são desistentes; não permitirão que as circunstâncias da vida as empurrem lá para baixo, e as mantenham subjugadas como galinhas.

Vamos, voe... Voe e vença, ocupe o lugar que é seu no alto do penhasco.

Sugestão para leitura:

BOFF, Leonardo. "A Águia e a galinha." Rio de Janeiro: Vozes, 1997.

“Quando se busca o cume da montanha, não se dá importância às pedras do caminho.”

Provérbio Oriental

O QUE VOCÊ BUSCA?

"Minha primeira visão direta do Titanic
durou menos do que dois minutos; contudo,
a imagem total de seu imenso casco,
projetando-se a partir do fundo do mar,
permanecerá para sempre em minha vida.
Agora, finalmente, encerrava-se a busca."

Robert Ballard,
"Uma última longa olhada no Titanic".
Geográfica Nacional, dez. 86.

Escreveu Robert Ballard, após descobrir o casco fantasmagórico do Titanic, deitado em seu berço solitário a mais de três mil metros, no fundo do Atlântico Norte. Durante mais de setenta e cinco anos o grandioso navio revestiu-se de celebridade e lenda. Ei-lo de casco mergulhado em décadas de sedimentos. O convés imundo e retorcido. Embora ainda impressione, graças às suas dimensões, o toque de elegância desapareceu. Já não é mais o gracioso barco que deslizou, cheio de pompa, em sua primeira viagem, no início de abril de 1912. Apenas cinco dias após o começo de sua jornada romântica, a cidadela navegante foi aprisionada e afundada por um *iceberg* insensível, cruel, que a aguardava a quase 600 quilômetros a sudeste de Terra Nova.

O resto constitui história trágica bem conhecida. O navio jaz silencioso e solitário, derramando lágrimas de ferrugem, não apenas por si mesmo, porém, mais ainda pelas 1.522 vidas que ele arrastou consigo.

Até que uma luz estroboscópica lhe penetrasse o túmulo espantoso e lamacento, em primeiro de setembro de 1985, ninguém sabia com certeza sua localização. Naquele dia memorável, o homem que havia amado demais esse navio, e portanto não podia esquecê-lo, que havia vivido os últimos treze anos "dominado" pela "angustiosa busca desse barco", obteve sua primeira visão do transatlântico. Até que ponto esse homem estava fascinado pela aparência da nave? O suficiente para bater 53.500 fotos dela. O suficiente para esquadrinhar cada metro quadrado daquela figura gigantesca... quase trezentos metros de comprimento, trinta de largura e 46.328 toneladas. O suficiente para respeitar-lhe a privacidade e deixá-lo como o encontrou, sem perturbá-lo e inexplorado, visto que todas as tarefas propostas estavam executadas. Foi como Ballard escreveu, ao final de sua última visita: "...a busca do Titanic acabou. Que ele descanse em paz." Missão cumprida.

Em diversas ocasiões, o explorador usou a mesma palavra a fim de descrever seu sonho de toda a vida: "busca". Uma busca é uma espécie de perseguição, uma procura intensa. Alguns dicionários adicionam uma dimensão colorida à definição: "... um empreendimento intrépido de romance medieval, usualmente viagens cheias de aventuras". É provável que isto fizesse Robert Ballard sorrir. De maneira bem estranha sua jornada plena de aventuras constitui, na verdade, um romance com um navio muito mais idoso do que ele.

O que você busca? Você alimenta um "sonho de toda a vida?" Há alguma coisa "dominando sua vida" a ponto de captar e manter sua atenção durante treze anos ou mais? Qual é a "jornada plena de aventuras" de que você gostaria de participar? Que descoberta você gostaria de realizar? Que empreendimento você imagina em segredo? Se não houver uma busca, a vida se reduz rapidamente a uma nódoa escura, mancha descorada, ou dieta monótona demais para arrancar a pessoa da cama, de manhã. A busca alimenta nosso fogo. Impede que fiquemos boiando torrente abaixo, apanhando escombros. Mantém nossa mente engrenada, incita-nos a progredir. Todos nós estamos rodeados pelos resultados da busca encetada por alguém, os quais nos trouxeram benefícios. Permita-me mencionar alguns nomes:

Sobre minha cabeça há uma brilhante lâmpada elétrica. Obrigado, Edison.

Sobre meu nariz tenho um par de óculos que me permite enxergar bem. Obrigado, Franklin.

Em minha garagem há um carro pronto para conduzir-me a qualquer lugar para onde eu dirigir. Obrigado, Ford.

Pelas prateleiras de minha biblioteca espalham-se livros cheios de coisas interessantes, de pesquisas cuidadosamente conduzidas. Obrigado, autores.

Ideias, memórias, pensamentos estimulantes, habilidades criativas e perícias relampejam através de minha mente. Bem embrulhados nas dobras de minha vida estão a disciplina e a determinação, a recusa terminamente de desistir quando a situação se torna difícil, um amor pela liberdade existente em nosso país, um respeito pela autoridade. Obrigado, professores.

Eu poderia prosseguir nesta lista até a página seguinte. Você também. Só porque algumas pessoas dedicaram-se a sonhar, a perseguir seus sonhos, a acompanhá-los e completar sua busca, nossas vidas tornaram-se mais confortáveis, mais estáveis. Isto é suficiente para me incentivar a prosseguir, se não servir para mais nada.

E você? Sonha escrever um artigo, ou um livro? Escreva-o! Você está tentando descobrir se todo esse trabalho no trato das crianças vale a pena? Claro que vale a pena! Continue! Gostaria de voltar para a universidade e concluir aquele curso? Volte, vá estudar!... Pague o preço, ainda que isso leve anos!

Diferente do homem que encerrou a sua busca de localizar o Titanic, prossiga. Não desista!

"A ideia que não é perigosa, não merece ser chamada de ideia."

Oscar Wilde

OUSADIA

"...Seja ousado!"
Inscrição que encimava uma das portas de entrada no templo da sabedoria, em Atenas.

Havia uma terra onde todos os habitantes, durante muitos anos, tinham-se acostumado a utilizar muletas para andar. Desde a mais tenra infância, todas as crianças eram ensinadas a usar devidamente as suas muletas para não cair, e cuidar delas para que não se estragassem.

Mas, um dia, um jovem inconformado começou a pensar que seria possível prescindir de tal complemento. E, quando expôs a sua ideia, os anciãos da terra, os seus pais, professores e amigos, todos o chamavam de louco: "Não vês que sem muletas cairás? Que grande atrevido és!" Mas o jovem continuava a pensar no assunto.

Aproximou-se dele um ancião e lhe disse:

– Como podes ir contra a nossa tradição? Durante anos e anos, todos temos andado perfeitamente com esta ajuda. Sentimo-nos mais seguros e fazemos menos esforço com as pernas. É uma grande invenção! Meu amigo, não podes jogar fora todo o saber e tradição dos nossos antepassados que nos ensinaram a fazer e utilizar as muletas.

Também seu pai lhe disse:

– Meu filho, já estou cansado e envergonhado com as tuas excentricidades. Tu só crias problemas na família. Se o teu avô e bisavô usaram muletas, por que é que queres ser diferente?

Mas o jovem não desistia de concretizar as suas intenções, até que um dia decidiu mesmo deixar as muletas. No princípio caiu várias vezes, como já o tinham advertido, pois os músculos das pernas estavam atrofiados. Mas, pouco a pouco, foi adquirindo segurança e, passado algum tempo, já corria e saltava livremente e montava a cavalo sem precisar de muletas.

É mais cômodo e seguro fazer sempre a mesma coisa e da mesma forma – *"se queres estar seguro, sê mudo, cego e surdo"* – do que tentar algo diferente. Certas pessoas, sobretudo aquelas para quem a rotina diária é intocável, sentem-se incomodadas e perturbadas quando alguém ousa introduzir originalidade e invulgaridade no que pensa, diz e faz. *"No ousar está o valor e no tardar o temor"*, recorda a sabedoria popular.

Relativamente à ousadia, Platão, filósofo grego do século III a.C., descreve as inscrições que identificavam as três portas de entrada no templo da Sabedoria, em Atenas.

Na primeira se podia ler:

"Sede ousados!"

Na segunda, uma legenda mais imperativa, recomendava:

"Sede ousados,

Sede sempre ousados,

Sede cada vez mais ousados!"

Na terceira e última porta, reservada a alguns eleitos, estava escrito:

"NÃO SEJAIS OUSADOS EM DEMASIA!"

Se me tivessem pedido a opinião sobre esta terceira legenda, teria proposto: "SEDE OUSADOS COM ESTRATÉGIA!"

A ousadia não é mais do que a concretização de algo claramente definido e decididamente desejado. Nada tem a ver com anarquia ou indisciplina. Assenta-se fundamentalmente na coragem de começar, na persistência de chegar ao fim e na aceitação voluntária de riscos. O ousado manifesta relutância em aceitar a ambiguidade, bem como as restrições vindas de uma autoridade que procura justificar-se e impor-se mais pelas ordens que dá, do que pelos serviços que presta.

Se, por um lado, a ousadia pode gerar conflitos, por outro quando lucidamente utilizada, desenvolve a criatividade e robustece as relações entre as pessoas.

“Não há nada tão temível como a ignorância em atividade.”

Johannes Von Goethe

O POVO DA CAVERNA

(VOCÊ VAI PARTILHAR A LUZ?)

"A maior de todas as ignorâncias é rejeitar uma coisa sobre a qual você nada sabe."

H. Jackson Brown

Havia uma caverna subterrânea com uma única abertura para o mundo exterior. Dentro dela, seres humanos acorrentados pelas pernas e pescoços, vivendo na semiescuridão desde a infância, presos de tal modo que não se podiam mover. Tais homens, verdadeiros prisioneiros, ficavam de costas para a abertura da caverna e só podiam olhar para a frente onde havia uma parede, pois eram impedidos de virar a cabeça por causa das correntes.

A única luz que viam era proveniente de uma fogueira que ardia do lado de fora da caverna, e que projetava, para seu interior, sombras de pessoas e objetos que passassem entre a fogueira e a entrada da caverna.

Assim, os prisioneiros acreditavam que as sombras que viam eram a única verdade, a realidade do seu mundo.

Em certo momento, um dos prisioneiros foi libertado das correntes e trazido para fora da caverna. No seu processo de adaptação à nova realidade, precisou acostumar-se com a claridade do fogo e a visão de um novo mundo. Viu primeiro as sombras no chão, depois os reflexos de homens e objetos na água, e então fitou-os diretamente. Depois, vendo o céu, o Sol, pôde raciocinar sobre eles. Tocou em objetos, pisou o solo e olhou para todos os lados. Descobriu fatos e coisas nunca antes imaginados, uma nova realidade.

Passado algum tempo, maravilhado com o grande processo de mudança que tinha vivido, lembrou-se dos companheiros e retornou à caverna. Era importante dar aos demais prisioneiros a oportunidade de descobrir outra realidade. Mas sua missão não foi fácil. Por sua dificuldade em acostumar-se novamente à semi-escuridão e em interpretar as sombras com a mesma habilidade, passou, a princípio, a ser ridicularizado pelo grupo. Os prisioneiros da caverna ainda acreditavam na sua "realidade", e concluíram que o prisioneiro libertado voltava enxergando menos que antes, contando estranhas histórias sobre uma "realidade impossível". Julgavam ser melhor não sair da caverna, não rejeitar as sombras tão familiares em troca de um mundo "melhor", porém desconhecido. Apesar das dificuldades, o "iluminado" enfrentou, com paciência e determinação, sua missão, compreendendo as resistências impostas por seus companheiros e mantendo-se firme na busca pela evolução e pelo descobrimento de coisas novas para ele e seus semelhantes.

Considerado um dos homens mais sábios da Grécia antiga, Sócrates (cujo nome significa "mestre da vida") acreditava que o reconhecimento da ignorância é justamente o começo da sabedoria. Numa de suas frases mais conhecidas, percebemos o paradoxo contido neste pensamento: "SEI QUE NADA SEI."

Platão, em uma de suas obras clássicas, *A República*, desenvolveu muitas ideias de seu mestre Sócrates. No livro VII, que contém a parábola da caverna, somos levados a refletir sobre a missão de todos aqueles que estão em constante desenvolvimento e se propõem a superar as barreiras existentes nos processos de mudança.

Escrita há cerca de dois mil e quinhentos anos, a parábola da caverna constitui um ótimo modelo de perseverança e vontade de melhorar. Modernamente, quando saímos de nossas "cavernas" para o mundo exterior, buscando qualidade de vida, estamos percorrendo o mesmo caminho do prisioneiro libertado. Da mesma forma, quando retornamos à caverna para motivar nossos colegas, devemos estar preparados para enfrentar as barreiras às mudanças e os comportamentos conservadores que preferem as sombras conhecidas à nova realidade fora da caverna.

É o momento de refletirmos sobre nossos progressos e nossa missão como agentes de mudanças e de encorajar pessoas. Devemos reconhecer quanto já percorremos até aqui. Apesar disso, a lição do "Mestre da Vida" deve servir como alerta para o nosso constante aperfeiçoamento. É preciso sempre querer saber mais e, sobretudo, partilhar.

Sugestão para leitura:

PLATÃO. "A República."

LUCADO, Max. "O trovão gentil." Rio de Janeiro: CPAD, 1996.

"Pense grande.
Quem já ouviu falar de
Alexandre o médio?"

Gils Montgomery

PENSAMENTO CRIATIVO E IMAGINAÇÃO

"A imaginação é mais importante
que o conhecimento."
Albert Einstein

Sempre que vejo uma ilustração ou uma réplica da obra-prima de Rodin, o Pensador, costumo ficar contemplando-a, e meditando sobre o que ela sugere.

Para mim, é o homem fazendo sua maior descoberta, o poder do pensamento e da imaginação. É isto que acontece na estátua de Rodin. É o reino da imaginação começando a desabrochar.

O Pensador simboliza o homem despertando para seu potencial infinito, e sugere que não existem barreiras, que a imaginação é ilimitada e inesgotável. Ele nos desafia a nos libertarmos e voarmos nas asas do pensamento, pois é através da imaginação que poderemos chegar às estrelas e contatar o infinito.

O Pensador parece dizer: "Abram caminho para a imaginação. A imaginação é inconquistável. Libertem-na do egoísmo, do medo e do derrotismo. Confiem na viabilidade do impossível."

É o pensamento criativo, o pensar possibilidades – a imaginação que pode:

» viajar mais rápido do que a velocidade da luz;

» penetrar todas as barreiras conhecidas, seja aço ou granito;

» transcender o tempo, tanto o passado quanto o futuro, possibilitando às pessoas retrocederem o relógio e o calendário por séculos ou avançarem no futuro;

» transportar a consciência e a percepção instantaneamente através dos continentes e culturas para ouvir sons, ver paisagens e respirar as fragrâncias exóticas dos perfumes embriagadores;

» fornecer aos seres humanos uma fonte produtiva de criatividade: borrifando óleo em tela para criar uma obra-prima; misturando notas, tons e melodias até que uma composição musical dominadora se desenvolva; concebendo sonhos nas mentes das criaturas humanas ordinárias de todas as idades até que uma pessoa comum seja atingida, sem posse, e realmente ingresse numa meta fantástica e excitante, um projeto arrebatador;

» programar dados no subconsciente, que calcule soluções completas para problemas impossíveis e insolúveis.

Esta força, este poder incrível está ao alcance de todo ser humano vivo, independentemente de sua posição social ou econômica.

O empreendedor imagina as estruturas surgindo: com fontes, aço, vidro, escadas rolantes e elevadores. O estudante imagina o dia da formatura: toga e beca, um grau e um diploma em sua mão.

O pai e a mãe imaginam uma casa própria. Recortam gravuras das revistas. Examinam ilustrações de mobílias. Olham para móveis de bebê e roupas de crianças e imaginam uma família.

O professor imagina os alunos como adultos crescidos, maduros contribuidores bem-sucedidos de uma sociedade saudável!

O autor imagina seu artigo publicado. Vê o livro com sua foto na contracapa! Não pode esperar para começar.

Revitalize sua imaginação. Há vários meios. Estude a sabedoria atemporal da Bíblia. Leia histórias inspiradas em livros, revistas e jornais. Observe e vivencie o que está ao seu redor e verá exemplos vivos incontáveis de realizações importantes e maravilhosas acumuladas por pessoas exatamente como você. Permita que suas realizações inspirem sua imaginação.

Imagine. Imagine. Imagine!

Sugestão para leitura:

SCHULLER, Robert H. "O sucesso nunca termina, o fracasso nunca é definitivo." São Paulo: Maltese, 1990.

PETERSON, Wilferd A. "A arte do pensamento criativo." São Paulo: Best Seller, 1991.

“

**É melhor perguntar duas vezes
do que se perder uma vez.**

”

Provérbio dinamarquês

FAÇA PERGUNTAS

"A única pergunta tola é a pergunta que você não faz..."
Placa no Laboratório de Ciências de uma escola de segundo grau.

Ouvi dizer que Sócrates era considerado sábio não porque soubesse todas as respostas certas, mas porque sabia fazer as perguntas certas.

Perguntas – as perguntas certas – podem ser penetrantes, conduzindo a respostas reveladoras. Elas podem expor motivos ocultos, bem como capacitar-nos a enfrentar a verdade que não havíamos admitido nem para nós mesmos.

"The Book of the Questions" (O Livro das Perguntas), do Dr. Gregory Stock, é um desses livros que tenho dificuldade em largar. Ele inclui quase 275 perguntas penetrantes que nos fazem sair de nossa casca. Você se descobre incapaz de esconder ou evitar a inquietação. Quer alguns exemplos?

- Se você estivesse para morrer esta noite, sem a oportunidade de se comunicar com quem quer que fosse, do que mais se arrependeria de não ter dito a alguém? Por que ainda não lhe disse?
- Você descobre que seu maravilhoso filhinho de um ano, devido a uma confusão feita no hospital, não é seu. Você iria trocar a criança para tentar corrigir o engano?
- Sua casa, com tudo o que você possui, pega fogo. Após salvar seus entes queridos e animaizinhos de estimação, você tem tempo para entrar lá a salvo pela última vez e apanhar algum item. Qual seria?
- Se descobrisse que um bom amigo seu estivesse com AIDS, você o evitaria? E se fosse o seu irmão ou irmã?

É engraçado como as perguntas nos forçam a encarar de frente a questão. Achei interessante que as perguntas menos frequentes no livro de Stock eram as que começavam com "por que". Contudo, estas não ficam circundando, vão direto ao cerne da questão. Por exemplo:

Por que você existe?

Por que você, às vezes, mente?

Por que você escolheu esta profissão?

Por que você ainda trabalha nesta empresa?

As perguntas também estimulam a criatividade. Implícita ou explicitamente, a criatividade sempre começa com uma pergunta. E, tanto em sua vida profissional quanto na pessoal, a qualidade de sua produtividade é determinada pela qualidade de suas perguntas – pela maneira como você aborda as circunstâncias, problemas, necessidades e oportunidades.

Estive pensando sobre a natureza das perguntas:

Uma pergunta é uma abertura à criação.

Uma pergunta é uma questão indefinida e indefinidora.

Uma pergunta é um convite à criatividade.

Uma pergunta é o início da aventura.

Uma pergunta é uma resposta disfarçada.

Uma pergunta mexe e provoca aquilo que ainda não foi mexido nem provocado.

Uma pergunta é um ponto de partida.

Uma pergunta não tem fim nem início.

Uma pergunta quer uma companheira.

Faça uma pergunta tola e consiga uma resposta inteligente. Mas o que são perguntas tolas?

Esta é uma pergunta tola muito boa.

O filósofo Alan Watts disse que se fosse estabelecer uma universidade onde o aprendizado real pudesse acontecer, ele faria a cada aluno, no primeiro dia de aula, apenas uma pergunta como base para os próximos seis anos de aprendizado daquele aluno.

Sua pergunta seria: "O que você considera uma boa vida?" Se o aluno respondesse "Uma bela casa", Watts iria fazer-lhe uma série de perguntas: O que é uma casa? O que você precisa saber a respeito de arquitetura? Construção? Quantos estilos de arquitetura existem? Quais são eles? Onde ocorreram? Quais eram as bases da construção? E do paisagismo?

Se outro aluno respondesse "Boa saúde", Watts tinha outro programa de perguntas: O que é doença? O que você precisa saber de psicologia? Anatomia? Neuroanatomia? Neurofisiologia? E assim por diante.

"O que você considera uma boa vida?" é um excelente exemplo de uma pergunta criativa e plena de significado. Ela não pede uma ação prematura. Ela não é julgadora, aconselhadora ou agressiva. É simples, breve e aberta o bastante para motivar a exploração.

Nos casos mais dramáticos, perguntas tolas podem mudar o rumo de uma vida. Foi certamente o caso de R. Bunckminster Fuller, o inventor do domo geodésico. Em 1927, aos trinta e dois anos de idade, ele estava à beira do lago Michigan, revendo sua vida com desespero: uma filha morrera aos quatro anos de idade. Cinco fábricas faliram. Ele estava enfrentando a bancarrota, com um bebê recém-nascido. Antes de fazer o que viera fazer – acabar com tudo nas águas –, ele entrou em diálogo consigo mesmo.

Ele primeiro perguntou se havia uma inteligência maior operando o universo. Sim, ele resolveu, na base do "sofisticado desígnio de tudo, do microcosmo dos átomos às macromagnitudes das galáxias". Depois perguntou: "Quem sabe melhor se eu terei algum valor para o universo? Eu ou Deus?" Em vista da resposta que forjou, ele resolveu que o próprio fato de sua existência significava que ele tinha algum propósito, algum valor. Mas qual? Em resposta, ele encontrou dentro de si esta próxima pergunta muito pessoal:

"O que minha experiência me diz que precisa ser cuidado, que se for bem cuidado trará vantagens para toda a humanidade, e se for deixado de lado poderá muito rapidamente deixar a humanidade com grandes problemas?"

Ele retornou do lago Michigan e passou os sessenta e cinco anos seguintes de sua vida respondendo a essa pergunta, finalmente sendo descrito como "um Da Vinci do Século XX".

Aquilo qualifica aquela pergunta como magnificamente tola. Perguntas tolas o levam mais profundamente à realidade, verdade e propósito. Elas o inspiram e expandem de alguma maneira significativa, elas aumentam sua capacidade de ver mais claramente, multiplicam suas escolhas, encorajam a exploração. Acima de tudo, elas lhe mostram como olhar para velhas coisas de maneira nova.

Sem querer ser inconveniente, vou deixar doze perguntas para você refletir:

– Qual a meta que você gostaria de atingir?

– Que soluções você tentou até agora?

– O que ocorreu com essas tentativas para que elas não funcionassem?

– Qual é o seu sentimento com relação à situação? (Sentimento significa um estado emocional – isto é, raiva, dor, medo, tristeza...)

– Qual é a sua atitude com relação à situação? (Atitude significa um estado mental, isto é, desprezo, julgamento, crítica.)

– Que benefícios você recebe da existência dessa situação?

– Qual é a realidade da situação?

– O que você gostaria de ver acontecer?

– O que mais você gostaria que acontecesse?

– O que você precisa fazer agora?

– Como sua vida mudaria se essa situação mudasse?

O que você está disposto a mudar para que isso seja como você gostaria que fosse?

Aproveite as oportunidades. A única maneira que conheço é fazendo perguntas provocativas. Por sua natureza, as perguntas o levarão às praias do entendimento.

Sugestão para leitura:

STOCK, Gregory."The book of questions." New York: Worman Publishing, Co., 1987.

"

O propósito do aprendizado é crescer, e nossas mentes, diferentes de nossos corpos, podem continuar crescendo enquanto continuamos a viver.

"

Mortimer Adler

INVISTA EM VOCÊ MESMO

"Um desempenho superior depende
de um aprendizado superior."
Peter M. Senge

Existe somente um você. Pense nisto. Seu rosto e traços, sua voz, seu estilo, suas características e peculiaridades, sua capacidade, seu sorriso, seu andar, seu aperto de mão, sua maneira de expressar-se, seu ponto de vista... Tudo o que se refere a você se encontra num único indivíduo, desde que o primeiro homem passou a existir – você.

Como é que isso faz você sentir-se? Francamente, estou eufórico!

Cave tão profundamente quanto lhe apraz nos arquivos antigos, empoeirados do *Homo Sapiens* e você não encontrará outro você em todo o lote. E isso, a propósito, não "aconteceu simplesmente"; foi planejado assim. Por quê? Porque o criador desejava que você fosse VOCÊ, só por isto! Ele desenhou você para ser uma pessoa única, distinta, significativa, diferente dos demais indivíduos na face da Terra, através da vasta expansão do tempo. Em seu caso, como no caso de qualquer outro ser humano, o molde foi quebrado, para nunca ser usado de novo, uma vez que você entrou no fluxo da humanidade.

Você é você. Existe somente um você. E você é importante.

Deseja começar a sentir-se melhor? Realmente deseja banir o desânimo? Quer sentir-se valorizado? Posso dizê-lo em três palavras INVISTA EM VOCÊ!

Certas pessoas caem no que Brian Tracy, autor do interessante livro *Realização Máxima,* chama de "armadilha da inteligência". Isto acontece quando alguém acha que já sabe tudo e não precisa mais aprender. Na realidade, quanto mais aprendemos, mais percebemos como sabemos pouco. Como resultado da falta de visão, as pessoas não leem. Pesquisas indicam que o indivíduo médio vê televisão durante sete horas por dia, o que dá um total incrível de 49 horas semanais. Não é de admirar que tantos vão ficando mentalmente cada vez mais para trás.

Olhando para isso de uma perspectiva positiva, no entanto, veremos como é fácil obter vantagem sobre nossos concorrentes. Afinal, se você ler apenas um livro por ano, já estará indo melhor do que metade da população. Mas isso não é o bastante, porque as pessoas que têm o hábito de leitura lêem, em média, 16 livros por ano. Numa "economia de conhecimento", o sistema de criação de riqueza é representado pelo conhecimento e pela informação. Para ter sucesso em tal economia, você deve investir em seu recurso mais importante: você. Precisa ser infinitamente curioso, um aprendiz insaciável, e investir continuamente em si mesmo. Pergunte-se quantas horas dedica ao trabalho diariamente. Se está trabalhando em média oito horas, mal está trabalhando para sobreviver. O que passar de oito horas será um investimento em si mesmo e no futuro, principalmente se você reservar parte dessas "horas extras" para o autodesenvolvimento.

Esse investimento pode ser feito sob a forma de leitura. Leia pelo menos durante cinco horas semanais. Você também pode ouvir programas gravados, ou assistir a vídeos educacionais e, embora seu televisor e seu videocassete possam levar um susto, fitas desse tipo não os danificarão. Existe também a opção de participar de seminários, *workshops* e cursos.

Faça um exame de consciência e veja qual foi a última vez que você tirou de seu orçamento ou de seu tempo livre dinheiro e tempo e investiu na sua própria formação, aperfeiçoamento e desenvolvimento. Pergunte a si próprio: Tenho investido o bastante em mim mesmo? Acredito que valha a pena investir em mim? Tenho me aperfeiçoado profissionalmente, por minha própria conta? Busco constantemente esse aperfeiçoamento? Estou acomodado?

Invista em você, vale a pena!

Sugestão para leitura:

FANAYA, Nelson e Conte, Dirce. "Estratégias em ação." Rio de Janeiro: Qualitymark Ed., 1997.

"Errar é humano, mas quando a borracha se gasta mais depressa que o lápis, você está positivamente exagerando."

J. Jenkins

APOLOGIA AO ERRO

"O erro nada tem de estranho.
É o primeiro estado de todo conhecimento."
Alain

Erros, enganos, miragens, lorotas, asneiras, mal-entendidos, quiproquós, disparates, contrassensos, inexatidões, desvarios, falsidades, despropósitos, imperícias, ratas, balbucios, desvios, absurdos, engodos, quimeras, ilusões, alucinações, cegueiras, visagens, chacotas, patranhas, extravagâncias, trapalhadas...

Todas essas palavras são, em princípio, o contrário dos fatos, da ciência.

É claro que os pesquisadores se enganam às vezes. Mas a história e o ensino das ciências nunca deram muita importância a isso. Nos livros didáticos estão expostos os resultados, não a maneira como foram obtidos. Nos relatos históricos fala-se dos sucessos, das conquistas dos gênios a serem mostrados como exemplo. Quanto ao erro, esse subproduto nauseabundo, ninguém toca nele, ou então só toca com a ponta de pinças bem compridas.

Aqui nós estamos em terreno delicado, escorregadio, sem visibilidade, repleto de águas turvas, de areias movediças, de armadilhas terríveis: os erros de nossos dias.

No momento em que escrevo, centenas de erros estão sendo cometidos. É fatal, é obrigatório, inevitável e necessário à própria existência da ciência.

Você tem medo de errar? Todo mundo tem. Homens, mulheres, presidentes, governos inteiros. O que aconteceria se, cada vez que cometêssemos um erro, desistíssimos de tudo? Se, logo na primeira tentativa fracassada, entregássemos os pontos?

Imagine um bebê que mal consegue pôr-se de pé e já torna a cair. Que seria dele se, diante deste primeiro erro, concluísse: "É, não deu certo. Deve haver algum outro modo... Esta minha ideia não foi boa."

Imagine na escola, um aluno que desistisse de tudo, mal errando o primeiro problema de aritmética de sua vida. Não conseguirá sequer acertar o troco no supermercado. E, daí, milhões de pequenas e grandes coisas que nunca mais poderá fazer.

Errar é uma etapa essencial no processo de crescer e cada vez que desistimos de alguma coisa, por medo de errar, estamos nos privando de algum – ou de muitos! – dos prazeres de crescer e de viver.

Evidentemente, seria possível raciocinar pelo absurdo: se é errando que se aprende, quanto mais erramos, melhor: aprendemos mais. Não é isto o que estou querendo dizer. O que estou querendo dizer – sem medo de errar! – é que usar o risco de cometer erros como pretexto para não lutar pelo que se deseja é ignorância, pura e simples.

Os erros que cometemos ao longo da vida são parte essencial de nossa educação. A cada queda é preciso sacudir a poeira e tornar a tentar. Tudo o que sabemos, hoje, aprendemos com os erros do passado, com gerações e gerações de gênios que erraram muito, até acertar.

Aprenda a valorizar seus erros, um por um, e todos os que já cometeu. E aprenda a ver, nos erros que ainda haverá de cometer, a sua chance de descobrir algo de novo.

Erre, mas por tentar!

Sugestão para leitura:

LENTIN, Jean Pierre. "Penso, logo me engano." São Paulo: Ática, 1996.

“

Deixar de cometer erros está fora do alcance do homem. Entretanto, de seus erros e enganos, o sábio e o homem racional adquirem experiência para o futuro.

”

Plutarco

A BELA ARTE DE ERRAR

"O único homem que nunca comete erros
é aquele que nunca faz coisa alguma.
Não tenha medo de errar, pois você aprenderá
a não cometer duas vezes o mesmo erro."
Roosevelt

Acontece a todos nós. Professores e alunos. Chefes e secretárias. Pais e filhos. Os diligentes e os preguiçosos. Nem mesmo os presidentes estão imunes.

O quê? Errar? Sim, fazer coisas erradas, geralmente com a melhor das intenções. E isso acontece com notável regularidade.

Sejamos objetivos: o sucesso é superestimado. E todos nós o desejamos a despeito da prova diária de que o pendor real do homem reside em direção bem oposta. Realmente, somos profissionais da incompetência. O que me leva a uma pergunta fundamental que tem estado ardendo dentro em mim por meses: Por que nos surpreendemos quando vemos a incompetência em outros e nos devastamos quando ela ocorre em nós mesmos?

Mostre-me quem inventou o perfeccionismo e garanto que ele é um roedor de unhas com um rosto cheio de tiques... cuja esposa tem horror quando o vê entrar em casa. Além do mais, ele perde o direito de ser respeitado porque é culpado de não admitir que errou.

Pode acontecer com você. Pare e pense nos meios como certas pessoas conseguem evitar de confessar suas falhas. Os médicos podem sepultar seus erros. Os erros dos advogados calam-se na prisão – literalmente. Os erros dos dentistas são extraídos. Os carpinteiros transformam os seus em serragem. Gosto do que li numa revista recentemente: "Caso você encontre quaisquer erros nesta revista, por favor, lembre-se que eles foram colocados ali de propósito. Tentamos oferecer algo para todos. Algumas pessoas estão sempre procurando erros e não desejamos desapontá-las!"

Recentemente, quando comentava com um amigo da intenção de escrever algo sobre ERRAR, ele me passou um surpreendente livro intitulado *O Incompleto Livro de Fracassos*, de autoria de Stephen Pile. Apropriadamente, o livro tinha duas páginas faltando quando foi impresso, de modo que a primeira coisa que se lia era um pedido de desculpas pela omissão – e uma papelada com errata que proporcionava as duas páginas.

Também alguns conhecidos fracassos que muitas pessoas realizadoras amargaram antes de alcançar o sucesso. Eis alguns exemplos que servem para nos lembrar que somos seres falíveis e ainda imperfeitos, graças a Deus! Thomas Alva Edison deteve um recorde de quase dez mil "fracassos" antes de chegar à lâmpada elétrica; Albert Einsten era um estudante medíocre antes de sua "Teoria da Relatividade"; Clarence Darrow tornou-se uma lenda nos tribunais americanos, perdendo uma causa após outra, mas forçou com isso uma reavaliação das concepções jurídicas sobre religião, relações trabalhistas e conflitos raciais; Leonardo da Vinci, o maior inventor de todos os tempos, teve projetos que nunca foram realizados e nem mesmo funcionariam, mas apontaram soluções e possibilidades em campos nos quais nenhum homem sequer sabia que havia problemas.

Todos nós já tivemos oportunidades de presenciar fracassos que resultaram em grandes sucessos.

O fato é que as pessoas neles envolvidos compreenderam, toleraram e até mesmo cultivaram o insucesso. Conforme o momento, sentiam-se satisfeitas, confiantes e apavoradas, mas não se permitiram assimilar o fracasso como um estigma. Aliás, a maioria delas nem tinha a palavra FRACASSO em seu vocabulário. Usava sinônimos atenuantes ou ressignificações inteligentes para essas situações; por exemplo, Thomas Edison sempre respondia aos seus críticos, "não foi mais um fracasso; na verdade, descobri mais uma maneira de não inventar a lâmpada elétrica".

Tomas Watson, o fundador da IBM, reagiu assim diante de um jovem dinâmico e assustado diretor que acabara de dar um prejuízo de quase dez milhões de dólares num projeto de risco: "O quê? Despedi-lo? Agora que acabei de investir dez milhões de dólares no seu treinamento?"

Todas essas pessoas com certeza se manifestavam assim: "Certo, aquilo não funcionou, mas... olhe só para isto!"

Elas encaravam o insucesso não como sinal de derrota, mas como prelúdio para o sucesso, um estágio ou um degrau a ser compreendido e depois usado de forma melhor.

Assim, quando um de nós errar e não ocultando, que tal um pouco de apoio por parte daqueles que ainda não foram apanhados?

Opa, correção! Que tal bastante apoio?

Sugestão para leitura:

PILE, Stephen. "O incompleto livros de fracassos."

Aquilo que era impossível fazer.
Alguém disse que fazer aquilo era impossível,
mas ele, com uma risadinha, replicou que talvez fosse,
mas que não diria isso, antes de tentar.
Então, ele se lançou à tarefa com um esboço de sorriso
no rosto, se estava preocupado, não demonstrou.
Começou a cantar, enquanto trabalhava naquilo que
era impossível fazer, e fez.
Alguém zombou: "Você não conseguirá fazer isso;
pelo menos ninguém nunca fez."
Ele, porém, arregaçou as mangas
e, num piscar de olhos, lançou-se à tarefa.
De queixo erguido e com um pequeno sorriso,
sem duvidar ou vacilar,
ele começou a cantar, enquanto trabalhava naquilo
que era impossível fazer, e fez.
Milhares de pessoas dirão a você que fazer aquilo é
impossível, milhares profetizarão seu fracasso;
milhares lhe apontarão, um por um,
todos os perigos à espreita.
Mas se você arregaçar as mangas
e com um pequeno sorriso lançar-se à tarefa,
se começar a cantar, enquanto trabalha naquilo
que é impossível fazer, você fará.

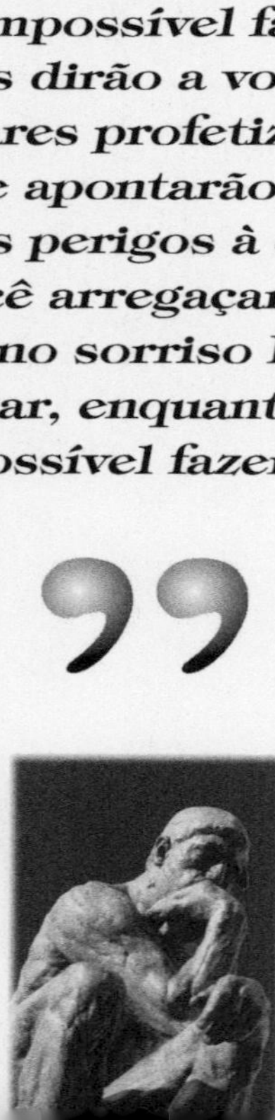

Edgar A. Guest

VOCÊ PODE CHEGAR LÁ

"Todos os nossos sonhos podem tornar-se realidade – se tivermos a coragem de persegui-los."
Walt Disney

Toda montanha parece convidativa até o dia em que temos de escalá-la. A imagem aqui utilizada é clara e destaca um fato da experiência humana que, estou certo, é conhecido por todos vocês. A aventura é atrativa até o momento em que temos de sair da nossa zona de conforto para vivê-la.

Penetrar em um território desconhecido vem sempre acompanhado de um sentimento de nervosismo e apreensão. Tenho a certeza de que vocês se identificam com isso. Tenho de reconhecer que esses sentimentos são indicadores de que estamos prestes a entrar na zona de crescimento pessoal.

Sentimentos de apreensão sempre acompanham as pessoas que saem da zona de conforto. Inicialmente eles fazem com que você se sinta inseguro. É aí que se encontra o verdadeiro perigo. Preconceitos sobre o desconforto que está por vir fazem com que muitos desistam das mudanças desafiadoras que estão a um passo. O que acontece a essas pessoas? Nada emocionante. Permanecem seguras na zona de conforto, apenas pensando em fazer algo novo e emocionante. Falam, sonham, talvez até desejem, mas nunca realmente experimentam o gosto de uma nova experiência PORQUE NUNCA AGEM! Você provavelmente conhece algumas pessoas assim.

Você as ouve dizer: "Eu poderia fazer isso."... "Eu poderia fazer aquilo."... ou, "Um dia tentarei isso."... ou, "Eu realmente farei isso."... e "Não seria bom fazer isso?" Mas, apesar de todas essas conversas, elas realmente nunca fazem algo!!!

Não é que sejam preguiçosas. O que acontece é que querem evitar a insegurança. Posso compreender isso mas, no fim das contas, é um fator que lhes rouba a possibilidade de se tornarem melhores do que são atualmente. O fato de nunca agir aumenta a possibilidade de, mais tarde, você se arrepender de não ter tentado, de forma mais árdua, tornar-se a pessoa que sempre sonhou ser.

Alguns sentem-se desencorajados porque não recebem os aplausos por seus esforços na medida em que esperavam. Eles evitam esforços. Como você pode saber se a próxima tentativa não será aquela que acabará com a seca e lhe dará algo para ter esperança?

Há quem tema ficar embaraçado por ter feito algo de errado. Sem comentários. Não gosto de ficar remoendo erros do passado tanto quanto você. Mas se você tiver a chance de escolher entre ser conhecido por não ter feito nada grandioso ou por ter cometido alguns erros durante sua trajetória, tentando fazer algo significativo de sua vida, qual escolheria?

Parabéns! Eu sabia que escolheria fazê-lo.

Sugestão para leitura:

BEAVIS, Wes. "Become the person you dream of being."Powerborn, 1985.

"O otimismo é a fé em ação. Nada se pode levar a efeito sem otimismo."

Helen Keller

SIM, VOCÊ CONSEGUE!

"Mude seus pensamentos e você
mudará seu mundo."
Norman Vincent Peale

As pessoas que têm problemas de autoimagem raramente aproveitam seu potencial. Não enfrentam os riscos necessários, atolam-se em auto-acusações, não confiam nos outros e ficam na retaguarda quando deveriam ir para a frente. Você consegue melhorar sua autoimagem?

Primeiro, precisa aceitar que o que você pensa sobre si mesmo é o único determinante e o mais importante fator para seu sucesso. Sua "personalidade", suas ações, como se dá com os outros, como é seu desempenho no local de trabalho, seus sentimentos, crenças, sua dedicação, suas aspirações e até seus talentos e habilidades são afetados – melhor, controlados – pela autoimagem.

Você age como o tipo de pessoa que imagina ser. É simples assim. E não se fala mais nisso.

Se você se considera um fracasso, provavelmente será um fracasso. Se você se considera um sucesso, provavelmente será um sucesso. De que outro modo se explicaria que pessoas aparentemente dotadas fracassem, enquanto pessoas aparentemente incompetentes sejam bem-sucedidas? "Conseguem fazer tudo isso porque acham que conseguem", disse Virgílio, e esse fato fundamental a respeito do triunfo da autoimagem é tão válido hoje em dia como há dois mil anos.

Henry Ford concordava: "Quer você ache que consegue, quer ache que não consegue, terá razão." Em resumo: a postura é mais importante que os fatos.

Isso significa, especificamente, que em geral a diferença entre as pessoas que idealizam, planejam, agem e triunfam e as que não têm ideias, consequentemente não planejam e nem agem, tem pouco a ver com alguma capacidade inata de criar ideias, de planejar e agir. É relacionada com a crença de que conseguem triunfar em qualquer área da vida.

Aqueles que acreditam que podem, podem; aqueles que acreditam que não, não. É simples.

Segundo, você precisa aceitar também como fato aquilo que William James chamou de "a maior descoberta da minha geração". A descoberta?

Os seres humanos podem alterar suas vidas alterando sua postura. Jean-Paul Sartre considerou isso assim: "O homem é aquilo que imagina ser." E Chekhov, da seguinte maneira: "O homem é aquilo que acredita ser."

Isso não está mais em discussão. E, ainda assim, muitas pessoas – talvez você mesmo – se recusem a aceitar.

Você aceita que a autoimagem dirige sua vida mas, a despeito de toda a evidência apresentada por sábios, por seus pais, por sacerdotes, médicos, poetas, pesquisadores, filósofos, psicólogos, professores, terapeutas e treinadores, e a despeito de milhares de exemplos da vida real e nas centenas de livros de auto-desenvolvimento, você rejeita a noção de que possa mudar sua autoimagem.

Você está enganado. Pode mudá-la.

Você aceita que "como um homem pensa em seu coração, assim ele é". Mas parece acreditar que se você pensar de modo diferente em seu íntimo, permanecerá a mesma pessoa. Não será assim. Você será uma pessoa diferente. Ou você parece achar que não pode pensar de uma outra maneira em seu íntimo, que o modo como pensa hoje está gravado na rocha. Você está errado. Pode pensar de modo diferente. Aceite; é um fato.

Não tenho a intenção de dizer como fazer isso neste livro porque as bibliotecas e livrarias estão lotadas de centenas de livros, fitas e vídeos que podem dizer muito melhor que eu como mudar sua autoimagem. Por exemplo: *A Mágica de Acreditar, Mude sua Vida, Psicocibernética, Pense e Fique Rico, O Poder do Pensamento Positivo, Poder Ilimitado*. A lista continua indefinidamente, entretanto, recomendo a leitura do maior e melhor livro de autoajuda já escrito: a Bíblia.

Todos dizem basicamente a mesma coisa, que você pode mudar sua vida mudando o modo pelo qual pensa sobre si mesmo.

E todos estão certos. Aceite!

Sugestão para leitura:

FOSTER, Jack. "Como ter novas ideias." São Paulo: Futura, 1997.

PINKER, Steven. "Como a mente funciona." São Paulo: Companhia das Letras, 1998.

“

Para dobrar o índice de sucessos, triplique seu índice de fracassos.

”

Wolf J. Rinke

CONSIDERE ISTO

"A história tem demonstrado que os mais notáveis vencedores normalmente encontraram obstáculos dolorosos antes de triunfarem. Venceram porque se negaram a serem desencorajados por suas derrotas."
B.C. Forbes

Quantas pessoas ficam paralizadas porque são tão poucas as que lhes dizem: "Vá em frente!"

Como são poucos os que conseguem enxergar além de uma grande aventura: "Vá em frente, prossiga!"

Não é engraçado? Parece que essa habilidade para animar os outros se relaciona com um dom interior da pessoa, que a torna capaz de imaginar, visualizar, de extasiar-se pelo incomum, não obstante todos os riscos e todas as dificuldades. Estou quase convencido de que uma das razões por que os alpinistas amarram-se uns aos outros com uma corda é para evitar que os que estão nas extremidades resolvam voltar para casa... Os que estão lá na frente, bem acima, jamais consideram a desistência como opção... mas, os que estão bem lá embaixo, no fim da fila... bem, digamos que serão os últimos a ter acesso a um panorama cheio de glória. É como um bando de cães siberianos puxando um trenó. O "husky" que corre à frente tem visão muito melhor do que o último, lá atrás!

Ultimamente, tenho pensado muito em certos visionários que se recusaram (e muito me alegro por isso!) a dar ouvidos aos portadores de maus presságios, os profetas míopes que só conseguem enxergar à distância do primeiro obstáculo.

Considere isso:

Woody Allen, ator, escritor, produtor e diretor premiado pela academia, quando estava na universidade, teve seu trabalho cinematográfico rejeitado; também foi reprovado em língua inglesa.

Leon Uris, autor de *Exodus*, foi reprovado no colégio três vezes.

Em 1959, a Universal Pictures dispensou Clint Eastwood e Burt Reynolds na mesma reunião com as seguintes declarações. Para Burt Reynolds: "Você não tem talento." Para Clint Eastwood: "Você tem uma fratura no seu dente e o seu pomo de adão é proeminente, além disso, você fala muito devagar." Como você sabe, Burt Reynolds e Clint Eastwood se tornaram grandes estrelas do cinema americano.

Em 1944, Emmeline Snively, diretor da agência de modelos "Livro Azul", disse para a candidata a modelo Norma Jean Baker (Marilyn Monroe): "Você estará melhor se cursar secretariado, ou então, arranje um marido."

Liv Ullman, que foi indicada duas vezes para o Oscar como melhor atriz, foi reprovada em um teste na escola de teatro da Noruega. Os juízes disseram que ela não tinha talento.

Em 1962, quatro nervosos músicos fizeram uma apresentação para os executivos da Decca Recording Company. Os executivos não ficaram impressionados. Enquanto reprovavam este grupo de *rock* chamado "Os Beatles", um dos executivos disse: "Nós não gostamos das suas músicas. Grupos de guitarristas estão fora de moda."

Quando Alexander Graham Bell inventou o telefone em 1876, ele não fez uma lista das possibilidades e do potencial de utilização. Após fazer a demonstração para o presidente americano Rutherford Hayes, ele ouviu o seguinte: "É uma espantosa invenção, mas quem poderá querer fazer uso dela?"

Thomas Edison foi provavelmente o maior inventor da história das descobertas. Quando entrou para a escola, seus professores reclamavam que ele era "muito lento" e duro para aprender. Como resultado, sua mãe decidiu tirá-lo da escola e ensiná-lo em casa. O jovem Edison ficou fascinado por ciências. Com apenas dez anos de idade, já havia montado seu primeiro laboratório de química. A sua persistência, energia e genialidade, ele definiu assim: "Um por cento de inspiração e 99 por cento de transpiração." Produziu em toda a sua vida mais de 1.300 inventos. Quando inventou a lâmpada, tentou mais de 2000 experiências antes de fazê-la funcionar. Um jovem repórter perguntou a ele como se sentia fracassando tantas vezes. Ele disse: "Eu nunca fracassei. Eu inventei a lâmpada. Isso aconteceu no 2.000º passo do processo."

Em 1940, um outro jovem inventor chamado Chester Carlson apresentou sua ideia para 20 empresas, incluindo algumas das maiores empresas americanas. Eles a rejeitaram. Em 1947, após sete longos anos de rejeições, ele finalmente conseguiu que uma pequena companhia, chamada Haloid, se interessasse por sua ideia. Ela comprou os direitos para industrializar o processo eletrostático para reproduzir cópias. A Haloid, mais tarde, veio a ser a Xerox Corporation, e ambos, ela e Carlson, ficaram muito ricos.

John Milton ficou cego com 44 anos. Dezesseis anos depois ele escreveu o clássico "Paraíso Perdido".

Contudo, algo ficou por terminar nisso tudo. Quase todos os dias – com certeza, todas as semanas – encontramos alguém que se instalou em seu próprio barco feito em casa, disposto a partir, com muita seriedade, numa viagem da vida cheia de ousadia, bastante amedrontadora. Tal pessoa pode ser um amigo, seu cônjuge, um colega de trabalho, um vizinho, talvez um membro da família – seu próprio filho, ou irmão, irmã, pai – quem sabe? Um oceano de possibilidades convida com grande insistência mas, falando com franqueza: tudo parece muito ameaçador! Encoraje essa pessoa a prosseguir! Diga-lhe "sim". Grite entusiasticamente: "Você é alguém de valor... tenho muito orgulho de você!" Ouse dizer o que essa pessoa mais deseja ouvir: Vá em frente, prossiga!

Sugestão para leitura:

FATJO, Tom, MILLER, Keith. "With no fear of failure."

“Precisamos de homens que possam sonhar com coisas que nunca foram feitas.”

John F. Kennedy

SONHANDO ACORDADO

"Nada de muito importante acontece sem um sonho. Para que algo realmente grande aconteça, é preciso que haja um sonho realmente grande."
Robert Greenleaf

Ocorreu há muitos anos, mas ainda me lembro do dia em que minha professora do primeiro ano chamou minha atenção. Levei algum tempo para perceber que alguém estava solicitando algo de mim e, de todas as palavras que ela pronunciou, tudo do que me recordo é "pare de sonhar e preste atenção!" Eu realmente desfrutei de minha viagem casual ao mundo da fantasia. Imaginar-me como um bombeiro lutando contra um incêndio horroroso que estava ameaçando a escola, ou como um policial capturando um ladrão, era uma forma muito mais excitante de exercitar minha mente naquele momento. Pelo tom de voz dela, tive a impressão de que sonhar era algo que nós não deveríamos fazer.

Assim, cresci pensando que sonhar, exceto quando estamos dormindo, indica uma mente preguiçosa. Apesar de evitar essa situação, era sempre levado a imaginar-me em cenário fora da realidade.

Anos mais tarde entendi a importância e o poder de um sonho. Recordando os grandes acontecimentos de minha vida e o crescimento pessoal, descobri que todos esses eventos começaram com um sonho.

De algum modo, e talvez misteriosamente, sonhar é o primeiro passo para libertar seu potencial. Sonhar pode libertar o desejo que estava adormecido. O sonho que acorda seu desejo pode colocá-lo no caminho que o levará a tornar-se a pessoa que você sonha ser.

Além disso, sonhar é uma forma segura de testar opções para o futuro. "Se você é capaz de sonhar, é capaz de fazer", disse Walt Disney.

Eu tenho uma história pessoal para contar sobre isso. Vários anos atrás, em um *workshop*, fui incentivado a fazer uma lista de cinco dos sonhos mais escandalosos, provocantes e desafiadores para minha vida. Não havendo limites, o que eu desejaria? Fiz a minha lista, mas tive o cuidado de não revelar as minhas ideias, pois para mim elas eram tão impossíveis que me sentia constrangido em deixar que alguém mais soubesse delas. Alguns anos mais tarde, eu arrumava alguns velhos papéis. A lista apareceu. No início não a reconheci. Mas, ao passar os olhos pelos cinco sonhos, para minha surpresa, vi que todos já haviam se realizado. Eu havia conquistado um cargo executivo na empresa onde trabalhava, publicara dois livros, era professor universitário, tinha viajado para a América e a Europa, e o meu quinto desejo estava se realizando.

Agora entendo o que o escritor Robert Greenleaf queria dizer quando falou: "Nada de muito importante acontece sem um sonho. Para que algo realmente grande aconteça, é preciso que haja um sonho realmente grande."

Qual é o seu sonho ou visão para a sua vida? Sem um sonho inspirador, a vida perde o sabor.

Sonhe, planeje, realize e desfrute!

Bons sonhos!

Sugestão para leitura:

BEAVIS, Wes. "Torne-se a pessoa que você sonha ser." Rio de Janeiro: 1997, Equilíbrio.

“

Pouco resta a fazer além de enterrar um homem quando o último de seus sonhos está morto.

”

Wilfred A. Peterson

LÁ VEM O SONHADOR!

"Os que conquistam são os que acreditam
que podem conquistar."
Virgílio

Parece que toda família tem um desses, não é? Um filho que é diferente. Sempre há um que se distingue dos outros. E não é, necessariamente, por ser mais bonito ou simpático. Não, não se trata de uma questão de aparência, mas de ***perspectiva***. Os outros o acham diferente, e ele também vê tudo de forma diferente. Essas crianças são diferentes aos olhos dos outros, e por isso têm uma visão diferente das coisas. Ou seria ao contrário? Elas veem tudo de modo diferente e por isso os outros também as acham diferentes, provavelmente ocorre nos dois sentidos, uma coisa influenciando a outra.

Em muitos casos, essas crianças são de lares bem estruturados, nos quais existe afeição. Mas há casos em que ocorre ao contrário. E todos se perguntam como aquele menino ou menina chegou a ser o que é. Certamente, são diversos os fatores – conhecidos ou não – que contribuem para que tal criança seja diferente.

Se examinarmos bem, acredito que veremos que um dos fatores básicos é o seguinte: em algum momento de suas vidas tais indivíduos tiveram um sonho e ficaram dominados por ele. Assim, passaram a levar no coração uma ideia que os inspiram, um ideal que os impulsionam na direção de determinada meta. Num certo sentido, esse sonho – e podemos chamá-lo de visão ou aspiração, se quisermos – é como um motor, uma força interior que os impulsiona. Em outro sentido, é como um imã, uma força exterior que os atrai.

Em seu livro *O Coração de Um Campeão*, Bob Richards, detentor de algumas medalhas olímpicas, fala da importância desse sonho. E para ilustrar, narra um episódio acontecido com o famoso atleta Charley Paddock. Certo dia, Paddock fazia uma palestra num ginásio de Cleveland, e a certa altura disse:

– Quem sabe, talvez, haja aqui alguém que um dia vá ganhar provas numa olimpíada.

Encerrada a assembleia dos alunos, aproximou-se dele um jovem negro magricela de pernas finas, que estivera sentado ao fundo do salão, e lhe disse timidamente:

– Eu daria tudo para ganhar uma corrida importante algum dia.

Paddock olhou para ele e respondeu calorosamente:

– E você pode, meu filho. Basta que faça disso sua meta de vida e dê tudo de si para alcançá-la.

E em 1936, aquele jovem, cujo nome era Jessie Owens, ganhou várias medalhas de ouro nas olimpíadas de Berlim, e quebrou diversos recordes. Adolf Hitler, ao saber de seu maravilhoso desempenho, ficou furioso, pois a realização do sonho daquele jovem representou um duro golpe para o louco sonho do ditador de criar uma raça ariana superior.

Quando Jessie Owens voltou para os Estados Unidos, teve uma recepção festiva nas ruas. Naquele dia, outro rapazinho negro de pernas finas conseguiu comprimir-se entre a multidão, chegou perto dele e disse:

– Eu gostaria muito de correr numa olimpíada quando crescer! Jessie lembrou-se do que lhe acontecera, apertou a mão do garoto e respondeu:

– Sonhe alto, meu filho. E dê tudo de si para chegar lá.

Em 1948, era esse o rapazinho, Harrison Dillard, que ganhava medalhas de ouro nos jogos olímpicos daquele ano.

Conta-se que certa vez um estudante estava treinando o salto em altura, preparando-se para o campeonato estadual. Após cada salto, seu técnico elevava um pouco mais o sarrafo.

Afinal ele colocou na altura do recorde da prova. O rapaz protestou:

– Ah, não. Como é que vou saltar essa altura?

Ao que o treinador replicou:

– Atire o coração por cima do sarrafo e seu corpo irá junto.

Reconheça a força propulsora de um sonho. Apure os sonhos que se acham fora da realidade, restaure os que se frustraram, realize os que ainda não foram realizados e reformule os sonhos com defeito.

Sugestão para leitura:

ANTONY, Robert Dr. "Além do Pensamento Positivo."

“As coisas podem chegar até aqueles que esperam, mas são somente as sobras deixadas por aqueles que lutam.”

Abraham Lincoln

O PODER DE UMA SEMENTE

"...A tragédia ocorre quando uma
árvore morre na semente."
Myles Munroe

Quer ver um milagre? Tente este. Tome uma semente menor do que um grão de arroz. Ponha a semente debaixo de alguns centímetros de terra. Dê-lhe água, luz e fertilizante, e prepare-se. Uma montanha será removida. Não importa se o chão é bilhões de vezes mais pesado do que a semente. A semente o romperá.

A cada primavera, sonhadores em todo o mundo plantam pequeninas esperanças em solo improdutivo. A cada primavera, suas esperanças surgem em condições desfavoráveis e brotam.

Não devemos subestimar o poder de uma semente.

A história de Heinz é um bom exemplo. Europa, 1934. A praga do antissemitismo de Hitler infestava o continente. Alguns escapariam dele. Alguns morreriam em consequência dele. Mas Heinz, um garoto de 11 anos, aprenderia dele. Ele aprenderia o poder de semear sementes de paz.

Heinz era judeu.

A vila bávara de Furth, onde Heinz morava, fora tomada pelos jovens fanáticos de Hitler. O pai de Heinz, um professor, perdeu seu emprego. Não havia mais atividades. A tensão nas ruas era cada vez maior.

Os jovens soldados de Hitler perambulavam pela vizinhança procurando confusão. O jovem Heinz aprendeu a ficar de olhos abertos. Quando ele via um bando de desordeiros, passava para o outro lado da rua. Algumas vezes ele escapava de uma luta; outras vezes, não.

Certo dia, em 1934, aconteceu um confronto crítico. Heinz se encontrou face a face com um jovem hitlerista. A surra parecia inevitável, entretanto, ele saiu ileso, não por causa do que fez, mas por causa do que disse. Ele não brigou, apenas falou. Ele convenceu os arruaceiros de que a briga não era necessária. Suas palavras contiveram a batalha. E Heinz viu, de primeira mão, como a língua pode promover a paz.

Ele desenvolveu a habilidade de usar palavras para evitar conflitos. E para um jovem numa Europa dominada por Hitler, essa habilidade teve muitas oportunidades de ser usada.

Felizmente a família de Heinz fugiu da Bavária e veio para a América. Mais tarde ele falava do impacto dessas experiências na adolescência sobre seu desenvolvimento.

É de admirar. Depois que Heinz cresceu, seu nome se tornou sinônimo de negociação de paz. Seu legado se tornou o de um construtor de pontes. Em algum lugar ele aprendeu o poder da palavra de paz dita na hora certa, e alguém pode perguntar se o seu treinamento não ocorreu nas ruas da Bavária.

Você não o conhece pelo nome de Heinz. Você o conhece pelo nome anglicizado de Henry. Henry Kissinger.

Nunca subestime o poder de uma semente.

O que você me responderia se eu tivesse uma semente na minha mão e lhe perguntasse: "O que tenho aqui?" Talvez me respondesse, obviamente: "Tem uma semente." Entretanto, se você entende a natureza da semente, a sua resposta seria um fato e não uma verdade.

A verdade é que tenho na minha mão uma floresta, por quê? Porque em cada semente há uma árvore, em cada árvore há frutos com sementes, e nessas sementes também há árvores com frutos, e sementes que germinarão em outras árvores com frutos, sementes, etc. Em síntese, o que você vê não é tudo o que existe. Isto é potencial. Não se trata do que é, mas do que poderá vir a ser.

Deus criou tudo com potencial, inclusive você. Ele colocou uma semente dentro de cada coisa e plantou dentro de cada um que criou. Tudo na vida tem um potencial.

Não aceite o seu presente estado como definitivo porque ele é apenas isso, um estágio, uma fase de sua vida. Não se satisfaça com sua última realização, por que há muitas outras ainda.

Sugestão para leitura:

LUCADO, Max. "O aplauso do céu." Campinas: United, 1996.

MUNROE, Myles. "Como compreender seu potencial." Brasília: Koinonia, 1997.

Não desista.
Quando as coisas derem errado,
como às vezes acontece.
Quando a estrada na qual você caminha com
dificuldade parece íngreme demais.
Quando os fundos estão baixos e as dívidas altas,
e você quer sorrir, mas tem de suspirar.
Quando o cuidado o pressiona um pouco para
baixo, descanse se precisar, mas não desista,
pois a vida é esquisita com suas idas e vindas.
Como cada um de nós às vezes aprende,
e muitos fracassos ocorrem,
quando se poderia ter vencido se tivesse resistido.
O sucesso é apenas o fracasso virado ao avesso,
a tinta prata das nuvens da dúvida.
E você nunca sabe dizer o quão próximo está.
Pode ser perto quando parece tão longe.
Portanto, aferre-se a luta quando receber
o golpe mais duro.
Quando as coisas parecerem piores
é que você não deve desistir!

Anônimo

NÃO DESISTA

"O voo até a Lua não é tão longo. As distâncias maiores que devemos percorrer estão dentro de nós mesmos."
Charles de Gaulle

Voo sublime, elevado, não acontece por acaso. É resultado de um esforço mental árduo – é preciso que a pessoa pense com clareza, com coragem e muita confiança. Jamais alguém deslizou para fora da mediocridade à maneira de uma lesma preguiçosa. Todos quantos conheço, modelos de alto nível de excelência, ganharam a batalha da mente e mantêm cativos seus pensamentos corretos. Entretanto, há riscos; estes indivíduos escolheram cumprir o papel de uma pena ativa da qual flui a tinta, em vez de um passivo mata-borrão, onde se assenta e absorve o que outros realizaram; decidiram intrometer-se pessoalmente com a vida, em vez de acomodar-se, franzir as sobrancelhas e ficar observando a vida ir minguando, tornar-se um regato e, finalmente, estagnar-se.

O mundo está cheio de pessoas que desistem facilmente. Ficam sentadas, de braços cruzados, carrancudas, de olhar cético. Têm determinação efêmera. Suas palavras favoritas são:

– Pra que tentar?... Vamos desistir... não podemos fazer isto... ninguém consegue realizar coisas assim...

Elas perdem a maior parte da ação, para não mencionar o divertimento! Decoram as regras, mas suas mentes estão fechadas para as possibilidades novas, criativas. À semelhança de ratos de esgoto, o mundo delas limita-se a um diâmetro apertado, feito de "não vou fazer, não vou conseguir, não posso, desisto".

Contudo, de vez em quando tropeçamos em algumas pessoas de espírito cheio de vitalidade, que decidiram não viver nos pântanos do "statu quo", pessoas que não fugirão do medo de ser diferentes, embora os outros sempre venham a dizer: ***"Isso não pode ser feito."*** Os que miram alto são águias de vontade forte que se recusam a ser perturbadas pelo negativismo e ceticismo da maioria. Jamais usam palavras: "É melhor a gente desistir!" São exatamente as mesmas pessoas que creem que a mediocridade deve ser enfrentada. Essa confrontação inicia-se na mente – o canteiro germinal de possibilidades ilimitadas, infinitas.

Contam que certo homem estava perdido no deserto, prestes a morrer de sede. Foi quando ele chegou a uma casucha velha – uma cabana desmoronando, sem janelas, sem teto, batida do tempo. O homem perambulou por ali e encontrou uma pequena sombra onde se acomodou, fugindo do calor do sol desértico. Olhando ao redor, viu uma bomba a cinco metros de distância – uma velha bomba de água, bem enferrujada. Ele se arrastou até ali, agarrou a manivela, e começou a bombear, a bombear, a bombear sem parar. Nada aconteceu.

Desapontado, caiu prostrado, para trás. E notou que ao seu lado havia uma velha garrafa. Olhou-a, limpou-a, removendo a sujeira e o pó, e leu um recado que dizia: "Você precisa primeiro preparar a bomba com toda a água desta garrafa, meu amigo. P.S.: Faça o favor de encher a garrafa outra vez antes de partir."

O homem arrancou a rolha da garrafa e, de fato, lá estava a água. A garrafa estava quase cheia de água! De repente, ele se viu em um dilema. Se bebesse aquela água, poderia sobreviver. Mas se despejasse toda aquela água na velha bomba enferrujada, talvez obtivesse água fresca, bem fria, lá do fundo do poço, toda a água que quisesse. Ou talvez não.

Que deveria fazer? Despejar a água na velha bomba e esperar vir a ter água fresca, fria, ou beber a água da velha garrafa e desprezar a mensagem?

Deveria perder toda aquela água, na esperança daquelas instruções pouco confiáveis, escritas não se sabe quando?

Com relutância o homem despejou toda a água na bomba. Em seguida, agarrou a manivela e começou a bombear e a bomba pôs-se a ranger e chiar sem fim. E nada aconteceu! E a bomba foi rangendo e chiando. Então, surgiu um fiozinho de água; depois, um pequeno fluxo e, finalmente, a água jorrou com abundância! Para grande alívio do homem, a bomba velha fez jorrar água fresca, cristalina. Ele encheu a garrafa e bebeu dela, ansiosamente. Encheu-a outra vez e tornou a beber seu conteúdo refrescante.

Em seguida, voltou a encher a garrafa para o próximo viajante. Encheu--a até o gargalo, arrolhou-a e acrescentou uma pequena nota: ***"Creia-me, funciona.*** Você precisa dar toda a água, antes de poder obtê-la de volta."

As pessoas que se arriscam a viver assim, verdadeiramente alcançam voo elevado, sublime. Vivem acima da mediocridade.

Sugestão para leitura:

ROBBINS, Anthony. "Giant steps."

“O futuro tem muitos nomes.
Para os fracos, é o inatingível.
Para os temerosos,
o desconhecido.
Para os valentes
é a oportunidade.”

Victor Hugo

VONTADE RESOLUTA

*"Sobre os destroços do ontem levanta a tua estrutura do amanhã.
Lança fortes pedras angulares de determinação e prepara
grandes blocos de sabedoria extraídos do antigo desespero.
Constrói poderosas colunas de resolução assentada na
argamassa molhada de lágrimas de arrependimento.
Trabalha com paciência. Embora a tua tarefa seja
lenta, de dia para dia o edifício crescerá.
Acredita em Deus – e em ti mesmo acredita.
Conseguirás realizar tudo com que tens sonhado."*
Ella Wheeler Willcox

Pretexto e não motivo: "Nasci pobre." "Meus pais eram pobres." "Nasci do lado avesso da vida." Tudo isso são desculpas a que muitas pessoas se apegam através da vida para justificar a apatia em que vivem.

Uma vontade enérgica – força de origem pessoal – é a alma de um grande caráter: onde ela existe, há vida; onde não existe, há desânimo, impotência e depressão. Conseguimos da vida aquilo que nela pomos. O mundo tem para nós exatamente o que temos para ele. É como um espelho que reflete os gestos que fazemos.

As pessoas fracas esperam as oportunidades. As pessoas fortes criam as oportunidades.

Entre as máximas mais citadas, nenhuma é mais sutil e mais repleta de adamantina verdade do que esta que tantas vezes é proferida pelos lábios humanos: "Querer é poder." Quem decide fazer uma coisa, por força dessa mesma decisão abate todas as barreiras e assegura a realização dessa coisa. Pensar que somos capazes é quase sê-lo; decidir sobre uma realização é muitas vezes a própria realização.

O fato de que as montanhas tantas vezes se transformam em montículos, uma vez que resolvemos determinadamente atravessá-las, mostra que, dando os descontos possíveis para os casos extraordinários, a pessoa que quer intensamente fazer uma coisa, acaba por conseguir seu intento. Um imenso desejo transforma a possibilidade em realidade. Os nossos desejos não passam de profecias das coisas que somos capazes de realizar, ao passo que a pessoa tímida e de vontade fraca acha tudo impossível porque acredita que assim é na realidade.

Quem se lança à realização de algum grande fim, derruba com a sua resolução as barreiras que tem diante de si. Quem abraça a grande ideia de cultivar o seu eu e solenemente se dedica à mesma, verá que essa ideia e essa resolução arderão como fogo dentro de si, encaminhando a pessoa para o melhoramento próprio. Verá dificuldades afastadas, pesquisas empreendidas, meios criados, encontrará coragem contra o desânimo e força contra a fraqueza.

Quase todas as grandes personalidades da história da humanidade que se elevaram acima dos seus semelhantes distinguiram-se, principalmente, pela sua força de vontade. Um contemporâneo disse de Júlio César que a sua atividade e a sua gigantesca determinação deram-lhe, mais do que a sua perícia militar, tantas vitórias.

Uma determinação resoluta é desejo acompanhado de inabalável esperança. Por algum motivo, quer possamos explicá-lo, quer não, nós cremos, ou melhor, nós sabemos que em algum ponto o nosso sonho se tornará realidade. Se o motivo básico da nossa esperança for destruído, então, e só então a nossa determinação se extinguirá.

Quando você deparar com obstáculos na vida, como certamente acontecerá, lembre-se de que não haverá fracasso enquanto você não o aceitar como tal. Considere esses obstáculos como derrotas apenas temporárias, um tempo em que você poderá fazer uma breve pausa, reexaminar cuidadosamente o seu plano, alterando-o se for necessário, tomando novo fôlego, por assim dizer, para seguir avante com toda a força ao seu alcance. Marche diretamente para o seu objetivo, lembrando-se de que nada, dentro dos limites das possibilidades, pode opor-se à pessoa de vontade resoluta.

Sugestão para leitura:

BREMER, Sidney N. "Querer é poder." Rio de Janeiro: Record, 1997.

"

Quando tiver algum problema, faça alguma coisa! Se não puder passar por cima, passe por baixo, passe através, dê a volta, vá pela direita, vá pela esquerda.
Se não puder obter o material certo, vá procurá-lo.
Se não puder encontrá-lo, substitua-o.
Se não puder substituí-lo, improvise.
Se não puder improvisar, inove.
Mas acima de tudo, faça alguma coisa!
Há dois gêneros de pessoas que nunca chegam a lugar nenhum: as que não querem fazer nada e as que só inventam desculpas.

"

In: A essência da verdade,
coleção Pensamentos de sabedoria.

UMA PEDRA NO CAMINHO

"Um certo grau de oposição é importante para um homem.
As pipas sobem contra e não com o vento."
John Neal

O único obstáculo para a águia poder voar com mais rapidez e desenvoltura é o ar. Entretanto, se o ar fosse retirado, e a orgulhosa ave tivesse que voar no vácuo, cairia instantaneamente no solo, impossibilitada de voar. O mesmo elemento que oferece resistência ao voo é simultaneamente a condição de voo.

O principal obstáculo que um barco a motor tem que enfrentar é a água contra a hélice. Entretanto, se não fosse essa resistência, o barco não sairia do lugar.

A mesma lei que sustenta que os obstáculos sejam condições para o sucesso se aplica à vida humana. A vida livre de todos os obstáculos e dificuldades reduziria a zero todas as possibilidades e fontes de energia. Elimine os problemas e a vida perde a oportunidade de ser melhorada.

Conta-se que há muitos anos, um rei colocou uma pedra bem grande no meio de uma estrada e escondeu-se para ver se alguém tentaria removê-la. Ricos mercadores e cortesãos passaram pela estrada e simplesmente contornaram a pedra. Muitos reclamaram, culpando o rei pela má conservação da estrada, mas nenhum fez qualquer tentativa para tirar a pedra. Então veio um camponês com um balaio de verduras. Chegando onde estava a pedra, o camponês pôs o balaio no chão e tentou remover a pedra para a margem da estrada. Depois de muito esforço conseguiu. Quando foi pegar as verduras, o camponês viu uma bolsinha no chão, no lugar de onde tinha removido a pedra. A bolsa continha muitas moedas de ouro e uma mensagem do rei, dizendo que as moedas pertenciam a quem tivesse removido a pedra do caminho.

O camponês aprendeu então o que muitos jamais entenderam: em cada obstáculo surge uma oportunidade para melhorarmos.

Sugestão para leitura:

MAXWELL, John C. "Desenvolva sua liderança." Rio de Janeiro: Record, 1996.

"Se você fica dizendo que as coisas vão ficar ruins, tem boa chance de se tornar um profeta."

Isaac Bashevis Singer

QUEM O IMPEDE DE PROGREDIR?

"Nossas dúvidas são traidoras, e nos fazem perder o bem que sempre poderíamos ganhar, por medo de tentar."
William Shakespeare

Quando somos jovens não alimentamos tantos sonhos grandiosos, a ambição de escrever ou pintar, de abrir um negócio ou de fazer alguma espécie de trabalho criativo? Quase todos nós sonhamos. Na verdade, se formos bem sinceros, teremos de reconhecer que sonhamos quando jovens e que continuamos sonhando sempre, até hoje. O que muda é que, de repente, os sonhos vão perdendo a posição central que gozavam em nossas vidas e surgem – principalmente como "desculpa" que damos a nós mesmos – os "compromissos". Uns dizem que têm de trabalhar muito; outros, que adorariam escrever um romance, mas não têm tempo, porque têm o "dia cheio"; outros, ainda, que adorariam pintar, mas estão com um problema no olho esquerdo. As explicações são as mais variadas e todas, sem exceção, não passam de desculpas para justificar o fato de que não realizamos desejos mais profundos.

Pense, por exemplo, em Júlio César. Você sabia que Júlio César escreveu seus textos numa tenda de campanha, à noite, enquanto todo o exército romano dormia, e que no dia seguinte, bem cedo, estava pronto para voltar ao combate?

Você sabia que Händel escreveu suas melhores partituras depois de ter sido desenganado pelos médicos? E que Beethoven continuou compondo música mesmo depois de estar complemente surdo? Pense em Aníbal e em Lorde Nelson: os dois grandes generais, e os dois cegos de um olho. Francis Joseph Campbell, também cego, foi um dos maiores matemáticos que o mundo conheceu, além de músico.

Mas "gente como a gente" é diferente: surge uma pequena dificuldade e começa: "Ah, não vou conseguir. Jamais serei capaz de fazer o que quero fazer..."

Pense no Robson Crusoé: Daniel Defoe escreveu seu romance na prisão. John Bunyan escreveu *Viagem do Peregrino* no cárcere. Lutero traduziu a *Bíblia* durante o tempo em que permaneceu no castelo de Wartburg. Dante trabalhou durante vinte anos vivendo no exílio, depois de ter sido condenado à morte, e *Dom Quixote* foi escrito por Cervantes numa cela de prisão, em Madri.

Aí, vem você e suspira: "Sim, tudo bem, mas eu tenho de trabalhar". Ora... você já viu quantas páginas tem o livro... *E o vento levou?* Pois fique sabendo que Margaret Mitchell escreveu todas aquelas centenas de páginas ao mesmo tempo que trabalhava, em horário integral, como jornalista.

Será que você é daqueles que acham que um pequeno defeito no dedo indicador da mão esquerda o impede de esculpir as estátuas de seus sonhos? Se é, fique sabendo que Lorde Cavanaugh, membro do Parlamento inglês, não tinha nem braços nem pernas, e elegeu-se sem precisar da ajuda de ninguém.

Ou pense em Shakespeare, que jamais frequentou uma escola, que aprendeu sozinho a ler e escrever, e ainda assim tornou-se um dos maiores dramaturgos e poetas de todos os tempos.

Agora, então, pense novamente nas ambições e nos sonhos que carrega escondidos em seu coração. E pense novamente, também, na desculpa que tem usado para não realizá-los. Descubra que não há razões nem explicações reais ou válidas: são apenas desculpas.

Pois deixe de lado as desculpas esfarrapadas e trate de começar a dar vazão ao seu desejo de criar, por meio de uma autêntica atividade criativa. Lembre-se: você é a única pessoa capaz de impedir o seu próprio progresso pessoal.

Sugestão para leitura:

ROBBINS, Anthony. "Poder sem limites."

“

A verdadeira felicidade consiste em gastar nossas energias com um propósito.

”

William Cowper

A RODA DA INFELICIDADE

"Às vezes a nossa atividade, o nosso trabalho não passa de uma imitação barata que amortece a dor de uma vida vazia."
Adolfo Coors IV

Henry estava deitado de lado, exausto, a uma pequena distância do moinho. Apenas o som rouco de sua respiração difícil quebrava o silêncio da manhã.

Vagamente Henry conseguia recordar a onda de adrenalina que há tanto tempo acompanhara seus primeiros passos enérgicos em direção à linha de chegada, que imaginava estar à sua frente. Mas não conseguia se lembrar de quando de fato começara a correr. E o pior, não conseguia se lembrar porque estivera correndo. Fora tão excitante no início, mas de repente, ao longo do caminho, a alegria tinha sido substituída pela exaustão, e uma sensação de amortecimento acabara com toda a esperança: não havia linha de chegada.

Deitado ali sobre a palha úmida, Henry fechou os olhos e deixou que sua respiração voltasse lentamente ao normal. Nesse raro momento de inatividade, sentiu o cheiro da realidade do mundo à sua volta pela primeira vez há muito tempo. Desfrutou de tudo aquilo, mas apenas por um momento. O som que vinha do moinho chamou sua atenção, fazendo-o abrir os olhos. Virou a cabeça a tempo de ver a imensa roda do moinho rangendo enquanto parava.

Sentou-se devagar e olhou para a máquina que dominara tanto a sua vida. "Esse moinho o está matando", era uma voz conhecida que lhe falava lá do fundo do coração. "Não desperdice nenhum momento mais nessa corrida", insistiu a voz, enquanto ele bebia um grande gole na fresca fonte de água ao lado. Devia haver mais coisas na vida do que a máquina oferecia. A água fresca o reanimou e sua respiração amenizou-se. Sentiu-se refrescado. Talvez pudesse começar uma vida nova. Talvez hoje! Mas como? O que poderia fazer depois? Para onde iria? Que alvos buscaria?

Bem, aquelas decisões poderiam ser tomadas mais tarde. No momento, Henry sentia-se um pouco assustado com a perspectiva de mudanças. Até que pudesse elaborar os detalhes, ficaria com o conhecido e verdadeiro.

E seguro. Assim, ainda sonhando com as coisas que poderiam acontecer, inconscientemente subiu na roda pela milésima vez na sua curta vida. Logo, logo, o zumbido hipnotizador do moinho e o reflexo da luz, passando pelos raios da roda, bloquearam-lhe a dor. A liberdade e a aventura podiam esperar. Aquela roda não exigia riscos, nem fé, nem pensamento. Poderia viver suas novas aventuras mais tarde. Era preciso apenas correr.

Se ainda não percebeu, Henry é um hamster. Mas sua vida é um paralelo da vida de muitos homens e mulheres do século XX. Presos numa roda de monotonia e conformismo, percebem apenas os vislumbres das verdadeiras possibilidades que a vida tem para oferecer. Esses breves vislumbres de esperança são momentos de oportunidades, geralmente perdidas por causa da dificuldade de saírem do círculo vicioso em que vivem. Manter a roda girando os deixa ocupados demais para planejar uma mudança significativa. Além disso, traçar um novo rumo para um futuro desconhecido é assustador – e a vida rotineira, embora estressante, é segura.

Outro dia li uma breve biografia que resumia o tempo de vida de milhares de pessoas que preferiram trilhar o caminho da banalidade, sem nunca aceitar o desafio de deixar o lugar comum, a roda da infelicidade, a mediocridade, e ascender à dimensão mais alta do seu próprio potencial. Talvez, você já tenha lido:

"Salomon Grunday... Nasceu numa segunda-feira...

Batizado numa terça... Casado na quarta...

Adoeceu na quinta... Piorou na sexta...

Morreu no sábado... Foi enterrado no domingo... e este foi o fim de Salomon Grunday."

Certamente, a história de uma vida irônica como essa é estimulada por uma sociedade apática que prefere o atalho fácil ao caminho produtivo; exalta a displiscência, ao invés da diligência, promove uma ética de trabalho que se concentra mais nos direitos do que nas responsabilidades, balança os ombros em vez de estender a mão de ajuda, responde ao chamado para agir com a pergunta: "Qual é o meu papel nisso?" E prefere continuar girando na roda que leva a lugar nenhum.

Fuja da roda e... sucesso!

Sugestões para leitura:

MUNROE, Myles. "Understanding your potential." 1991.

“

É praticamente uma lei na
vida que quando uma porta
se fecha para nós, outra se
abre. A dificuldade está em
que, frequentemente, ficamos
olhando com tanto pesar a porta
fechada, que não vemos aquela
que se abriu.

”

Andrew Carnegie

OPORTUNIDADE SOB SEUS PÉS

"Algumas pessoas ficam esperando que a oportunidade ponha abaixo a porta e entre."
Anônimo

A mina de Golconda é aquela de onde veio o diamante Koh-i-Noor, que faz parte das joias da coroa da Inglaterra, e de onde veio, também, o diamante Orloff, que faz parte das joias da coroa da Rússia. A história dessa mina se tornou famosa através do livro de Russell H. Conwell, *Acres of Diamonds*.

Houve um homem chamado Ali Hafed, que vivia no belo país do Irã. Fazendeiro, estava contente com sua situação. Sua fazenda era excelente e rendosa. Tinha esposa e filhos. Criava carneiros, camelos e plantava trigo. "Se um homem tem esposa, filhos, camelos, saúde e a paz de Deus", dizia ele, é um homem rico!

Ali Hafed continuou rico até que, certo dia, um sacerdote foi visitá-lo e começou a falar em diamantes. E o sacerdote comentou: "Eles cintilam como um milhão de sóis, na verdade, as coisas mais lindas do mundo."

De repente, Ali Hafed passou a sentir-se por demais descontente com o que possuía. Perguntou ao sacerdote: "Onde se podem encontrar esses diamantes? Preciso possuí-los." O sacerdote respondeu: "Dizem que é possível achá-los em qualquer parte do mundo. Procure um riacho de águas transparentes correndo sobre a areia branca, em região montanhosa, e ali você achará diamantes."

Ali Hafed então tomou uma decisão, vendeu a fazenda, confiou esposa e filhos aos cuidados de um vizinho, e se lançou em sua jornada à procura de diamantes.

Viajou pela Palestina, depois ao longo do vale do Nilo, até que afinal encontrou-se junto às colunas de Hércules, entrando a seguir na Espanha. Ele procurava areias brancas, montanhas altas. Diamantes, porém, não encontrou um só. Com o correr dos anos, um dia, chegou à costa de Barcelona, na Espanha. Estava alquebrado, sem recursos, e sem condições de comunicar-se com a família. Num acesso de desespero, profundamente deprimido, lançou-se ao mar e morreu.

Nesse ínterim, o homem que adquirira a fazenda de Ali Hafed achou uma curiosa pedra negra, enquanto seu camelo se dessedentava num riacho. Levou-a para casa, colocou-a sobre a cornija da lareira e esqueceu-se dela.

Um dia apareceu o sacerdote. Olhou acidentalmente para a pedra negra e notou um lampejo colorido brotando de um ponto de onde saíra uma lasca. Disse ao hospedeiro: "Um diamante! Onde o achou?"

Contou-lhe o fazendeiro: " Encontrei-o nas frias areias do riacho de águas claras onde levo meu camelo para beber."

Juntos, arrebanhando as túnicas e correndo tão depressa quanto permitiam as sandálias, dispararam rumo ao riacho. Açodadamente esgaravataram e cavaram e acharam mais diamantes! Esse achado se transformou na Mina de Diamantes Golconda – a maior mina do mundo!

A lição é clara. Os diamantes lá estavam o tempo todo, no quintal de Ali Hafed. Só que ele não os vira. E, por isso, gastara a vida numa busca inútil!

Aprenda que, seja qual for a situação em que você se encontre, há diamantes esperando ser encontrados e minados. Nesta semana viver será uma aventura empolgante se você puser em prática esta fé.

Sugestão para leitura:

CONWELL, Herman Russell. "Acres de diamantes." Harper & Row Publishers, Inc. 1943.

“A primeira condição para se realizar alguma coisa é não querer fazer tudo ao mesmo tempo.”

Tristão de Ataíde

SAIBA PARA ONDE ESTÁ INDO

"Você tem de ter muito cuidado se não sabe para onde vai, porque talvez não chegue lá."

Yogi Berra

Disse Thomas A. Edison: "Os mais importantes fatores para se chegar a uma invenção podem ser descritos em poucas palavras. Consistem, em primeiro lugar, em saber, com precisão, o que se quer obter. Devemos concentrar-nos naquele objetivo e iniciar a busca do que procuramos, utilizando para tanto todos os conhecimentos que tenhamos ou que possamos adquirir de outras pessoa sobre o assunto. Devemos continuar a busca, não importando quantas vezes fracassemos. Não devemos deixar-nos influenciar pelo fracasso de outras pessoas que tentaram a mesma ideia. Devemos ter sempre em mente que a solução do nosso problema existe em alguma parte e será encontrada... Quando um homem se decide a resolver qualquer problema, poderá a princípio encontrar terríveis dificuldades, mas se ele insistir em seu esforço, certamente achará uma solução. O problema de muita gente é desistir antes de começar."

Qualquer que seja o objetivo proposto, em qualquer das áreas da vida, será mais facilmente alcançado quando forem estipuladas metas a curtíssimo, curto, médio e longo prazos. Se alguém inicia uma dieta com o intuito de emagrecer trinta quilos em seis meses, terá mais chances de alcançar o objetivo se dividir a tarefa em fases. Seria insensato desejar eliminar quinze quilos na primeira semana.

Ao fracassar nessa tentativa, a pessoa perderia o entusiasmo por ver frustrado seu objetivo. A partir daí, tornar-se-ia cada vez mais difícil cumprir a programação proposta; mas se ela dividir a meta a longo prazo (seis meses) em metas a médio prazo, bastará emagrecer cinco quilos por mês. Divida em etapas ainda menores: será suficiente eliminar 1.250 gramas por semana, que significam 167 gramas por dia – o que é bem mais fácil –, para que seja alcançada a meta a longo prazo de trinta quilos em seis meses.

Quando dividimos um trabalho longo e difícil em pequenas etapas, torna-se mais fácil cumprir cada fase, com a atenção voltada para um esforço menor em cada uma delas. Quando se fala em metas a curto prazo, logo vem à memória o fato – verídico – contado pelo autor de *O Pequeno Príncipe*, em seu livro *Terra dos Homens*. Antoine de Saint-Exupéry conta que nas décadas de 20-30 do século XX, nos primórdios da aviação comercial, ele ingressou no Correio Aéreo Francês, junto com um amigo chamado Guillormée. Desprovidos de qualquer tecnologia, sem a ajuda de mapas, roteiros ou algum aparelho que os ajudasse a estabelecer uma rota, munidos apenas de uma pequena bússola, os pilotos decolavam em seus minúsculos aparelhos de um só lugar para transportar a correspondência aos lugares mais distantes. A norteação se fazia pelos acidentes geográficos no solo. Ao alçar voo, o piloto tinha de voar em baixa altura para sobrevoar o curso do pequeno riacho onde ele fazia uma curva, à esquerda. Nesse ponto, o piloto deveria seguir em frente até avistar a capela pintada de branco, ao pé da colina; ao passar por ela, seria preciso girar quarenta e cinco graus à direita e começar a procurar o pinheiro solitário.

Logo adiante ele avistaria o pequeno povoado, ponto onde deveria iniciar o procedimento de subida, devido à proximidade dos Alpes Franceses.

Em verdade, naquela época pilotar era uma aventura perigosa, e os que se arriscavam a fazê-lo eram tachados de loucos e irresponsáveis.

Guillormée pilotava sobre a cordilheira quando seu pequeno monomotor sofreu uma pane, caindo sobre a montanha de neves eternas. Embora não tivesse se ferido gravemente, suas pernas apresentaram profundos cortes e sérios ferimentos. Com muito esforço, sentindo fortes dores, ele abandonou a cabine do avião destroçado. Ao constatar a extensão dos ferimentos, compreendeu que não teria como sair dali sozinho. Perscrutou o horizonte em todas as direções e só viu solidão gelada. Conhecedor da região, após rápida análise, entendeu que seu fim estava próximo, principalmente em razão dos sérios ferimentos que sofrera nas pernas. Por um instante sentiu-se tomado de pânico pela dor de saber que chegava ao fim de seus dias. Pensou na família que não tornaria a ver, nos amigos, nas tantas coisas que ainda pretendia realizar e na impotência de não ter a quem pedir socorro. Depois, já mais conformado, pôs-se a pensar sobre as medidas a tomar. Não havia nada a fazer no sentido de sobrevivência, portanto o mais sensato seria deitar-se na neve e esperar que o torpor causado pelo frio tomasse conta de seu corpo, permitindo-lhe ser envolvido, sem dor, pelo manto da morte. Deitado sobre a neve, Guillormée dirigiu o pensamento a seus filhos, que ele não veria crescer, e à esposa, de quem tanto gostava.

Aquele homem de espírito forte, batalhador, lutava consigo mesmo para resignar-se à situação. "Meu consolo – pensava ele – é saber que eles não ficarão desamparados; meu seguro de vida tem cobertura suficiente para proporcionar-lhes subsistência por muito tempo. Menos mal! Felizmente tive o bom senso de estar preparado para uma situação destas; tão logo seja liberado meu atestado de óbito, a companhia de seguros..." Nesse instante, Guillormée teve um sobressalto; sua apólice rezava que o seguro só seria pago mediante a apresentação do atestado de óbito. Ora, naquele lugar inacessível, seu corpo jamais seria encontrado; ele seria dado por desaparecido. Não haveria, pois, atestado de óbito. Passar-se-iam anos de privações para sua família antes que ele fosse oficialmente considerado morto. Apavorado com essa ideia, ele pensou: "A primeira tempestade de neve que cair soterrará meu corpo; nunca irão me achar. Preciso caminhar até um lugar onde meu corpo possa ser encontrado."

As dores que sentia eram cruciantes, mas sua determinação era maior. Ele sabia que, ao pé da cordilheira, havia um povoado cujos moradores costumavam aventurar-se até certa altura da montanha para caçar. A distância era longa – vários quilômetros –, mas ele precisava realizar a última proeza de sua vida: chegar até onde seu corpo pudesse ser encontrado por um caçador. Reunindo todas as forças que ainda lhe restavam, obrigou-se a ficar em pé. Foi preciso um esforço hercúleo para não cair. Consciente da distância que teria de percorrer e sabedor de que não podia permanecer naquele local, apesar de seu estado lastimável, Guillormée estabeleceu a meta de dar um passo. Jogou um passo à frente e disse: "Só um passo!" Com extrema dificuldade empurrou a outra perna e repetiu: "Só mais um passo!", e de novo: "Só mais um passo!"

Concentrando toda a sua energia apenas no próximo passo e estabelecendo um forte condicionamento positivo – através do comando "só mais um passo" – ele caminhou quilômetros pela neve. Não se permitia pensar na distância que ainda faltava percorrer, ou em sua dificuldade para se locomover; concentrava-se apenas no espaço a ser vencido pelo passo seguinte. Assim caminhou o dia todo. A tarde já ia avançada quando seus olhos, turvos pela dor e pelo cansaço, vislumbraram alguns vultos à sua frente; firmou o olhar e percebeu que se tratava de pessoas que olhavam estupefatas para ele. Agora eu já posso morrer!, pensou, e deixou-se escorregar para o nada.

Dias depois, já no hospital, abriu os olhos e a primeira imagem que viu foi a da esposa, a seu lado.

Guillormée teve alguns dedos de um dos pés amputados, que foram congelados pela neve. Passou algum tempo hospitalizado até readquirir forças, mas continuou vivo ainda por muito tempo.

Ao narrar esse episódio acontecido com seu amigo, Saint-Exupéry relatou a determinação desse homem valente e ressaltou o fato de que foi a fixação da meta a curtíssimo prazo ("só mais um passo") que lhe proporcionou força e ânimo bastante para vencer a dura prova pela qual passava. Tivesse ele pensado na enorme distância a ser percorrida, na situação física precária em que se encontrava, ele muito provavelmente não teria encontrado forças para alcançar o objetivo a que se determinou no alto da montanha.

Esse exemplo deixa bem clara a importância da estipulação de metas bem definidas; a curto prazo (só mais um passo); a médio prazo (chegar ao pé da montanha); a longo prazo (ter seu corpo localizado), para a realização de qualquer objetivo proposto. Em vez de permitir que suas forças se exaurissem, ao pensar no imenso esforço a ser despendido – olhando o objetivo como um todo –, a estipulação de metas a curto, médio e longo prazos permitiu-lhe total concentração de energia no ponto mais próximo, que era dar o primeiro passo. Assim, cada etapa vencida foi mais um ponto de concentração de energia, em lugar da dispersão da mesma.

Ao estabelecer, portanto, um objetivo, divida o alvo a ser atingido. Uma vez esquematizado o plano de ação e acionado o esquema de andamento de seu programa, bastarão os pequenos passos para que o ritmo seja mantido. Se uma emergência obrigá-lo a fazer mudanças nos planos, os ajustes também poderão ser feitos com pequenos passos complementares. Mas para tanto é necessário saber para onde você quer ir.

Sucesso na jornada!

Sugestão para leitura:

EXUPÉRY, Antoine Saint."Terra de homens."

“Os grandes espíritos têm metas. Os outros, apenas desejos.”

Washington Irving

ALICE, É VOCÊ?

" A verdadeira função do homem é viver,
não apenas existir."
Jack London

Você se lembra da história "Alice no país das maravilhas"? Lembra-se de quando ela chegou à encruzilhada e indagou ao gato que se encontrava ali perto que caminho devia seguir? O gato perguntou aonde ela queria ir. Alice respondeu que não sabia. O gato replicou que, sendo assim, qualquer caminho a levaria a seu destino. Como Alice, a maioria de nós não sabe aonde quer ir. Levantamos de manhã porque disseram que temos de trabalhar. Passamos o dia trabalhando, fazendo tudo o que tem de ser feito. No fim do dia, vamos para casa, passamos algum tempo com a família, jantamos e nos acomodamos diante do televisor, deixando-o insultar nossa inteligência e anestesiar nossas mentes curiosas, de modo que, na manhã seguinte, quando o despertador tocar, possamos estar suficientemente entorpecidos para começar outro dia de rotina, em que não atingiremos nenhuma meta. Em outras palavras, quase todos nós perambulamos sem rumo, somos organismos passivos, reagindo aos desafios da vida como o proverbial barco sem leme. O barco encontrará um porto? Nem mesmo um porto determinado, mas qualquer um? Dificilmente. Se isso acontecer, será por acaso. Chega a ser trágico, mas a maioria de nós gasta mais tempo fazendo planos para uma festa, uma viagem de férias ou um passeio do que planejando a própria vida!

Para onde está indo?

Você se vê em uma subida difícil, em algum degrau da vida que parece desaparecer nas nuvens lá em cima. Algum dia você terá filhos. Um dia eles terminarão a escola. Um dia surgirá um emprego melhor. Um dia seus filhos se casarão. Um dia terá mais liberdade para viajar. Um dia você irá se aposentar. E então, naturalmente, um dia você morrerá.

Mas, e a vida? Por que se importar? Se tanta gente vai bem, sem um propósito, sem metas, por que você se importaria em ser diferente? A razão é que você quer o sucesso!

Cada indivíduo vive de acordo com seus propósitos. Podemos não chamá-los "alvos", mas é isto que são. O modo como vivemos em qualquer momento é determinado pelo alvo em direção ao qual nos movemos. Se nossas metas forem claras e boas, é quase certo que estejamos vivendo bem, mas se nossos alvos forem inferiores ou confusos, as chances são que nossa vida também tenha essas qualidades.

Precisamos, portanto, de prioridades. Precisamos saber que estamos trabalhando nos alvos melhores e mais importantes.

Os alvos são a nossa motivação para o futuro; mas alvos sem planejamento são como um navio que tem destino, mas não tem leme. Você pode estar em movimento, mas tem pouco ou nenhum controle sobre a sua direção. Bons alvos merecem bons planos.

Idealize, planeje e viva!

Sugestão para leitura:

DAYTON, Edward. "Strategy for living." Glendale, California: Regal Books, 1976.

Um dos mais elevados deveres humanos é o dever do encorajamento... É fácil rir dos ideais dos homens; é fácil despejar água fria no seu entusiasmo; é fácil desencorajar os outros. O mundo está cheio de desencorajadores. Temos o dever de encorajar-nos uns aos outros. Muitas vezes uma palavra de reconhecimento, ou de agradecimento, ou de apreço, ou de ânimo tem mantido um homem em pé.

Willian Barclay

MANTENHA SUA META DISTANTE DOS FRUSTRADOS

"É muito melhor ousar coisas difíceis,
conquistar triunfos grandiosos, embora ameaçados de fracasso,
do que se alinhar com espíritos medíocres que nem
desfrutam muito nem sofrem muito, porque vivem em uma
penumbra cinzenta, onde não conhecem vitória nem derrota."
Theodore Roosevelt

Outro dia assistia a um programa na televisão, cujo tema era a pesca do caranguejo. A ênfase era dada a um espécime que é muito difícil de ser capturado, ágil e suficientemente inteligente para escapar de todo tipo de armadilhas para caranguejos. Não obstante, milhares deles são capturados diariamente, devido a um traço particularmente "humano" que possuem.

A armadilha é uma jaula de metal com uma abertura na parte superior. A isca, um pedaço de carne, é colocada na jaula e esta é mergulhada na água. Chega um caranguejo, entra na jaula e começa a beliscar a isca. Um segundo caranguejo se une a ele, um terceiro, um quarto... uma festa. Finalmente não há mais isca.

Os caranguejos poderiam subir pelas laterais da jaula e sair pela abertura, mas não o fazem, permanecem lá dentro. Outros caranguejos chegam e se unem a eles, muito depois que a isca, o suposto banquete, desapareceu.

Se um dos caranguejos se dá conta de que já não há motivos para permanecer na jaula e tenta sair, os outros se unem e o impedem de deixar a jaula. Se persiste, os demais arrancam-lhe as tenazes para que não possa subir. Todavia, se continuar persistindo, morrerá.

A principal diferença entre esses caranguejos e nós, é que eles vivem na água e nós na terra.

Qualquer pessoa que tenha um sonho que lhe permita sair da jaula, o lugar comum, a zona de conforto, a estagnação, deverá tomar muito cuidado com os colegas de "jaula", os caranguejos humanos, os frustrados. Não utilizam a força física, ao menos em geral. Não necessitam fazê-lo. Têm outros métodos mais efetivos à mão e em suas bocas: insinuações, dúvidas, ridículo, sarcasmo, cinismo, ironia, boicote, humilhação, mentira, e outra dezena que foge ao meu vocabulário.

Minha sugestão: mantenha suas metas distantes desses frustrados.

Os frustrados não gostam de ver as pessoas perseguindo sonhos, lembrando-se que não vivem os seus. Ao nos convencerem da inutilidade dos nossos sonhos, nos convencem a seguir atados ao seu estado de comodidade. Dirão a nós todas as mentiras racionais que dizem a si mesmos. E se não acreditarmos, certamente nos desaprovarão.

Considere seu sonho como uma semente frágil. Agora é pequena, necessita de cuidados e proteção. Chegará o dia em que será forte, mais forte que as flechas das pessoas limitadas.

Quando tiver alcançado suas metas, poderá contar-lhes. Inclusive diante da irrefutável evidência, a expressão mais comum que ouvirá será: "Não acredito!" Se não podem crer diante da realidade, imagine o que diriam de nossos sonhos!

Isto não se aplica a amigos especiais e gente que nos apoia, que acredita em nosso potencial. Que diz: "Que bom, você merece!"

Infelizmente, na maioria das vezes ouvimos: "Que coisa estúpida!", e uma série de argumentos e motivos pelos quais não poderemos realizar nossos sonhos. Devemos escutá-los com paciência, entretanto, devemos alertá-los acerca de sua comodidade e de sua incapacidade de sonhar, que os manterá firmemente presos na jaula até que esta seja levantada.

Não entre nessa jaula. Sonhe e realize. Sucesso!

Sugestões para leitura:

ROGER, John. "¡Hágalo! Basta de peros." Buenos Aires: Emecé Editores, 1996.

"É melhor acender uma vela do que amaldiçoar a escuridão."

Confúcio

QUEM QUER FAZER ALGUMA COISA ENCONTRA UM MEIO

"Quem quer fazer alguma coisa, encontra um meio.
Quem não quer fazer nada, encontra uma desculpa."
Provérbio Árabe

Muitos são aqueles que passam metade de suas vidas dizendo o que vão fazer e a outra metade justificando porque nada fizeram. Se metade do tempo que se perde com desculpas e justificativas fosse empregada para descobrir maneiras de fazer as coisas corretamente, o mundo estaria bem diferente.

Quando John Pierpont morreu, era um fracasso consumado. Em 1866, aos oitenta e um anos, acabou seus dias como funcionário público de baixo escalão, em Washignton, D.C., e arrastava pela vida o peso de inúmeras frustrações.

No começo, até que as coisas foram bem. Formou-se em Yale, universidade da qual seu pai havia sido um dos fundadores, optando pela carreira de professor com entusiasmo e idealismo.

No magistério, porém, logo se revelou um fracasso. Era "mole" demais com os alunos. E assim, Pierpont mudou de ramo: resolveu tentar um estágio como advogado. O fracasso, outra vez, não demorou a derrotá-lo. Era generoso demais com os clientes e excessivamente escrupuloso, o que o levava a escolher justamente as causas que davam menos dinheiro. Como sua terceira opção, Pierpont tentou o mercado de secos e molhados: abriu um armazém. Novo fracasso, desta vez como comerciante. O homem simplesmente era incapaz de cobrar preços que lhe dessem lucro e não resistia aos pedidos de fiado.

Entre uma profissão e outra, Pierpont escrevia poesia, que apesar de ser publicada, não lhe rendia direitos autorais suficientes para que vivesse de seus versos.

Como poeta, pois, também foi um fracasso. E assim, acabou transformando-se em pastor protestante, estudou teologia na Universidade de Harvard, foi ordenado e mudou-se para a paróquia da igreja da Rua Hollis, em Boston. Mas suas posições a favor da Lei Seca e contra a escravidão puseram-no em confronto com os membros mais influentes da congregação, e Pierpont viu-se obrigado a renunciar.

Fracasso indiscutível, portanto, também como pastor. A política parecia ser a atividade ideal para um homem como ele, e conseguiu ser indicado como candidato do Partido Abolicionista ao cargo de governador de Massachusetts. Perdeu a eleição. Sem esmorecer, candidatou-se ao Senado pelo Partido "Terra Livre", e novamente perdeu a eleição.

Agora, era o fracasso político inegável. Com a Guerra Civil em andamento, Pierpont apresentou-se como capelão ao 22° Regimento de Voluntários do Estado de Massachusetts. Pediu baixa quinze dias mais tarde, ao descobrir que não tinha estômago para guerras. Aos setenta e seis anos, portanto, revelava-se um fracasso até como capelão voluntário.

Alguém lhe conseguiu um emprego muito humilde, numa das subseções do Ministério da Fazenda em Washington, e lá nosso herói passou seus últimos anos de vida, abrindo e fechando gavetas de arquivos. Função para a qual, aliás, não revelou talento especial.

Morreu, como já disse, como um perfeito fracassado. Não conseguiu fazer uma única das coisas que tentou, nem pôde ser um único dos personagens que escolheu. Está enterrado no cemitério de Mount Auburn, em Cambridge, Massachusetts. Sobre seu túmulo há uma pequena lápide de granito, com seu nome e alguns de seus fracassos:

John Pierpont

Poeta, pregador, filósofo, filantropo.

Com a perspectiva que só o tempo possibilita, pode-se ver hoje que não se tratou, afinal de contas, de um fracasso assim tão absoluto. O homem empenhou-se por maior justiça social; lutou o mais que pôde para transformar-se num ser humano digno; engajou-se nas maiores questões de seu tempo e jamais perdeu a fé no poder da vontade. Nisto, sim, teve sucesso. E, na verdade, muitas de suas tentativas, que ao calor da hora pareciam fracassos retumbantes, acabaram tendo melhor sorte. A educação foi reformada, os procedimentos legais modificaram-se, criaram-se leis de proteção ao consumidor e, é claro, a escravidão foi abolida.

Mas... por que estou falando disto? A história de Pierpont nada tem de excepcional. Houve inúmeros reformadores no século XIX cujas histórias são semelhantes à dele, tanto nos fracassos quanto nos sucessos. O caso Pierpont é especial apenas porque até hoje, uma vez por ano, no mês de dezembro, todos festejamos um de seus sucessos. O coração de cada um de nós se transforma num monumento vivo à sua memória.

Por causa daquela música.

Não fala de Jesus, nem dos anjos, e nem sequer menciona Papai Noel. É uma música muito simples, que celebra simplesmente a alegria de deslizar pelo escuro gelado das noites brancas, num trenó puxado por um cavalo. E ouvir o riso dos amigos e tanta gente cantando conosco. John Pierpont compôs "Jingle Bells".

Escrever uma canção que celebra a mais simples das alegrias, uma canção que trezentos ou quatrocentos milhões de pessoas cantam ao redor do mundo – gente que às vezes nem sabe o que é um trenó e nunca viu neve –, uma canção que todos, grandes e pequenos, reconhecem logo ao primeiro acorde do piano... Ora, isto sim é sucesso!

Numa certa tarde de inverno, enquanto caía a neve, John Pierpont rabiscou numa partitura as notas daquela canção, pensando apenas em oferecer um presente original à sua família. E assim fazendo, deixou-nos um presente eterno de Natal, um presente fantástico, melhor que qualquer embrulho dos que ficam ao pé da árvore, um presente invisível, mas invencível: a alegria.

Pós-escrito: Em janeiro de 1995, na cidade de Insbruk, na Áustria, finalmente consegui realizar um dos meus maiores sonhos. Havia mais de meio metro de neve, a temperatura abaixo de zero e o céu muito claro. Então pude imaginar: o trenó pronto e o cavalo, um "pangaré", todo enfeitado com arreios vermelhos e sininhos. E lá fomos nós, de trenó, quase sem poder respirar de tanto rir.

Obrigado, John Pierpont. Tudo o que a música canta é verdade.

Sugestão para leitura:

FULGHUM, Robert. "It was on fire when I lay down on it."

... as pessoas ficam presas a hábitos e a comportamentos antigos mesmo que tempos depois eles tenham perdido sua utilidade.

James A. Belasco

TROCANDO DE CABEÇA

Certa mulher acabara de perder o marido, e antes do culto fúnebre foi ao necrotério, onde o corpo dele estava sendo preparado, para dar uma última olhada no falecido. Contudo, ali chegando, viu que o corpo do marido estava vestido com um terno que não era o dele.

Correndo os olhos pelo salão, percebeu que o morto do caixão ao lado estava com o terno do seu finado marido.

Profundamente mortificada, chamou o responsável e, em meio a muitas lágrimas, apontou-lhe o erro. E o homem logo tomou providência para corrigi-lo.

Pedrão! Gritou, chamando um de seus assistentes. Troque as cabeças nos esquifes 2 e 3!

Trata-se, é claro, de uma anedota bastante tola. E, por sinal, horrível, não é?

E essa historieta ilustra um fato que todos nós devemos guardar: a mudança sempre vem de cima. Se a cabeça não mudar, mais tarde haverá uma revolução embaixo que forçará a mudança.

Tenho um amigo de nome Augusto Sacapri, que era consultor e prestava serviços a firmas com problemas administrativos. Portanto, seus clientes eram empresas que se achavam à beira da falência, da dissolução, ou de outros reveses.

Geralmente elas só recorriam a meu amigo quando a crise já se agravara. E Augusto gostava muito do seu trabalho, pois quando os diretores o chamavam já se encontravam dispostos a conversar sério e a aceitar a verdade dos fatos. E se quisessem sobreviver, tinham que se dispor a efetuar mudanças.

A causa dessas crises era quase sempre a mesma: o pessoal. Uma empresa pode ter o melhor planejamento possível, mas se não tiver pessoal competente, ela fracassa. Por outro lado, se tiver bom pessoal, mesmo que seu planejamento seja falho, poderá ser um sucesso. O problema é sempre o pessoal, e é aí também que está a solução. E ela vai depender muito de quem está no comando.

Certa vez Augusto me disse: "Uma empresa à beira de um colapso só pode ser restaurada e ter suas finanças saneadas se aqueles que estão no comando se dispuserem a mudar."

Pela experiência, ele já descobriu que, quase sem exceção, todos os problemas são causados pela diretoria executiva.

"Se ela não se dispuser a mudar", afirmou Augusto, "não há esperanças para a empresa".

Depois de certo período de tempo nessa função, Augusto criou um método mais ou menos padronizado para proceder à análise de empresas. Investiga seus processos operacionais, examina os registros contábeis, entrevista todo o pessoal e estuda o problema de todos os ângulos possíveis. E durante toda a averiguação faz questão de passar várias horas na sala do presidente da companhia.

E na maioria dos casos, quando apresenta suas conclusões, relata sua avaliação da situação e recomenda uma solução. Invariavelmente, seu parecer contém sugestão de mudanças na chefia. A gerência precisa modificar seu método de ação, suas motivações, suas atitudes, sua forma de relacionar-se com outros e, por vezes, até seu estilo de vida.

Uma mudança só pode ser considerada mudança depois que mudar alguma coisa.

A maioria das pessoas julga os outros pelo que estes fazem; mas julga a si mesma por suas intenções.

Ter a intenção de mudar não é mudar. Dizer que vai mudar, prometer mudar, tomar a decisão de mudar – nada disso é mudar. Nada disso "conserta" uma empresa com problema.

Sugestão para leitura:

BELASCO, James A. "Ensinando o elefante a dançar." Rio de Janeiro:Campus, 1992.

“... o medo é um microscópio
que aumenta o perigo.”

Commerson

DO QUE VOCÊ TEM MEDO?

"A única coisa que devemos temer é o medo."
Franklin Delano Roosevelt

Você pode surpreender-se ao saber que Franklin Delano Roosevelt era aristocrata de nascimento. Contudo, seus pais ricos e influentes criaram-no sabiamente para acreditar que os privilegiados devem assumir maior responsabilidade ao ajudar os menos afortunados.

Embora fosse um adolescente tímido, Roosevelt desabrochou ao cursar a Universidade Harvard, onde contribuiu para a vida do campus com seu desenvolvimento nos esportes e no jornal da escola.

Roosevelt já havia-se tornado um servidor público ilustre, tendo servido como deputado estadual e ministro adjunto da marinha, quando a tragédia o atingiu – ele sofreu um severo ataque de poliomielite. Os dias sóbrios que se seguiram deixaram-no numa confusão de dor física. Mas um Roosevelt determinado, cuja carreira muitos observadores acharam ter-se encerrado, arregimentou o que mais profundo havia em sua coragem pessoal, readquiriu o uso das mãos e aprendeu a andar com o apoio de aparelhos. Durante sua convalescença o medo do fogo atormentou Roosevelt – medo de ficar preso num prédio em chamas. Tendo sua vida já devastada, quem o culparia se ele passasse o resto de seus dias chafurdando em autopiedade? Em vez disso, ele lutou para vencer sua deficiência e conquistar seus temores.

Oito breves anos depois, ele se tornou governador do Estado de Nova Iorque.

E apenas onze anos após ter sido atacado pela moléstia e ficar paralisado, após suportar inúmeros meses de fortes dores, após muita insistência para que se aposentasse, Franklin Delano Roosevelt – homem de temor, homem de coragem – prestou juramento como o trigésimo segundo presidente dos Estados Unidos da América.

Quando ele prestou juramento para o cargo, o país estava mergulhado na Grande Depressão. Um em cada quatro homens estava desempregado, muitos não tinham dinheiro para comprar alimentos para suas famílias, e muitos haviam perdido suas casas.

Como as pernas de Roosevelt, o país estava aleijado pelo medo. Quem melhor do que ele poderia simbolizar a paralisia que as pessoas sentiam? Por toda a parte, homens sentiam as garras cruéis do terror.

Foi contra esse cenário de fundo que Franklin Delano Roosevelt arrastou-se até o microfone e proferiu o discurso inaugural mais absorvente deste século: "A única coisa que devemos temer é o medo."

Do que é que você tem medo? Sente-se nervoso com relação ao emprego achando que um "bilhete azul" pode estar prestes a chegar? Talvez você trabalhe sob a tensão constante de um chefe que acha ser a intimidação o meio de conseguir bons resultados. Talvez tenha acabado de descobrir que tem uma moléstia inutilizadora e esteja sem saber como sustentará a família.

Alguns de nós temos transações nos negócios nos quais trabalhamos há meses e que estão pendendo por um fio esfarrapado. Se elas não derem certo, você terá de alterar radicalmente seu modo de vida, talvez perder tudo. A ideia de começar de novo faz com que o sangue lhe fuja do rosto e suas mãos tremam.

Você pode ter uma filha ou um filho envolvido com drogas, e envergonhado e atemorizado, não sabe para onde se voltar em busca de ajuda.

Alguns de nós somos consumidos pelos problemas que este dia em si traz até nossas portas.

Não existem garantias absolutas. Não há planos à prova de fracassos, nem projeto que mereça perfeita confiança. Não se consegue estabelecer as coisas de modo a eliminar todos os riscos. A vida recusa-se a ser linda e limpa dessa maneira, e nem mesmo os neuróticos, que tomam medidas extremas para terem a máxima certeza de tudo, estão protegidos de seus temores obsessivos. Os tais "planos fabulosamente bem traçados para camundongos e homens" continuam a falhar, lembrando-nos de que viver e arriscar caminham de mãos dadas. Andar por aí cheio de medo é coisa que acaba explodindo no rosto de medroso. Todos que voam arriscam-se à queda. Os que dirigem carros, arriscam-se a colisões. Os que correm, arriscam-se a cair. Os que caminham, arriscam-se a tropeçar. Todos quantos vivem arriscam alguma coisa.

Você quer saber qual o caminho mais certo para a ineficiência? Comece a andar por aí com medo. Procure cobrir todos os pontos, sempre. Fique paranoico a respeito da frente, dos flancos, da retaguarda. Pense em todos os perigos possíveis, focalize todas as probabilidades de derrota, interesse-se mais em perguntar "e que acontecerá se" em vez de "por que não tentar?"

Não dê oportunidades às falhas. Diga "não" para a coragem e sim para a prudência. Não dê nenhum passo maior que a perna. Libere todo o seu medo "para o medroso", dizia Sófocles, "*tudo produz ruídos*". Triplique as fechaduras das portas. Mantenha-se em segurança, enfiado no bem protegido ninho da inércia. E antes de você percebê-lo, a paralisia da análise se instalará. E a solidão, seguida do isolamento, também se instalarão.

Felizmente, nem todos optaram pela segurança. Alguns venceram, a despeito dos riscos. Alguns atingiram a grandeza, a despeito da adversidade. Recusaram-se a dar ouvidos a seus temores. Nada do que alguém disse ou fez conseguiu frustrá-los. Falta de capacidade ou abundância de desapontamentos não precisam desqualificar a pessoa! É como Ted Engstrom escreve, com muito discernimento:

"Estropie o homem, e você terá um Sir Walter Scott. Enterre-o nas neves de Valley Forge, e você terá um George Washington. Eduque-o em pobreza abjeta, e você terá um Abraham Lincoln. Atinja-o com poliomielite, e ele se tornará Franklin Roosevelt. Ensurdeça-o, e você terá um Ludwig van Beethoven. Chame-o de aprendiz lerdo, "retardado", e dispense-o por ser incapaz de aprender, e você terá um Albert Einstein."

A eficiência, às vezes a grandeza, aguardam aqueles que se recusam a correr de medo.

Sugestão para leitura:

ENGSTROM, Ted. "A busca da excelência."

SWINDOLL, Charles. "A busca do caráter."

“... quando se vence o medo
começa a sabedoria.”

Bertrand Russell

MEDO:
O LADRÃO DE ALEGRIA

Ele era um ladrão profissional. Seu nome inspirava medo. Ele aterrorizou durante 13 anos as diligências de Wells Fargo, rugindo como um furacão e saindo da Sierra Nevada assombrando os mais rudes homens da fronteira. Nos jornais de São Francisco a Nova Iorque seu nome se tornou sinônimo de perigo na fronteira.

Durante seu reino de terror, entre 1875 e 1883, ele roubou a bagagem e o fôlego de 29 diferentes tripulações de diligências. E fez tudo isto sem disparar um tiro sequer. Sua arma cobria seu rosto. Nenhuma vítima jamais o viu. Nenhum artista pôde fazer seu retrato. Nenhum delegado pôde seguir sua trilha. Ele nunca deu um tiro ou sequestrou alguém. Ele não precisava fazê-lo. Sua presença era o bastante para paralisar as pessoas. Black Bart. Um bandido encapuzado, equipado com uma arma mortal.

Ele me faz lembrar outro ladrão que ainda anda por aí. Você o conhece, mas também nunca viu seu rosto. Você não pode descrever sua voz ou fazer seu retrato falado. Mas quando ele está por perto, você o sente por causa das batidas do seu coração.

Se você já esteve num hospital, já sentiu o toque de sua mão áspera sobre a sua. Se você já sentiu que alguém o estava seguindo, já sentiu sua respiração no pescoço. Se você acordou tarde da noite num quarto estranho, foi seu terrível sussurro que roubou seu sono.

Você o conhece. Ele é o ladrão que fez as palmas de suas mãos suarem quando foi ser entrevistado para um emprego. E foi esse patife que segregou em seu ouvido ao deixar o cemitério: "Você pode ser o próximo!"

Ele é o Black Bart da alma. Ele não quer o seu dinheiro. Ele não quer seus diamantes. Ele não está querendo seu carro. Ele quer algo muito mais importante. Ele quer a paz do seu espírito – sua alegria.

Seu nome? Medo.

Enfrentemos a realidade. Todos nós sentimos medo. Nenhum ser humano está imune a essa emoção, que é uma das mais comuns. Na verdade, trata-se de uma emoção que compartilhamos com muitos membros do reino animal. Entretanto, sendo diferentes dos animais, que aparentemente só sentem medo de ameaças que jamais nos foram feitas, e até mesmo ameaças que nunca existirão.

A missão do medo é roubar sua coragem e deixá-lo trêmulo e tímido. Seu *modus operandi* é manipular você com o misterioso, insultar você com o desconhecido. Medo da morte, medo do fracasso, medo de Deus, medo do amanhã - seu repertório é muito vasto. Seu objetivo? Criar almas covardes e sem alegria.

Ele não quer que você faça a viagem para a montanha. Ele imagina que se puder sacudi-lo bastante, você acabará tirando os olhos das alturas, partindo para uma existência vã, monótona e sem alegria.

Uma lenda da Índia conta a história de um rato que tinha pavor de gatos, até que um mágico concordou em transformá-lo em gato. Isto resolveu seu medo... até que ele encontrou um cachorro; então o mágico transformou-o num cachorro. O rato-tornado-gato-tornado-cachorro ficou contente, até que encontrou um tigre; assim, mais uma vez, o mágico transformou-o naquilo que ele mais temia. Mas, quando o tigre veio se queixar de ter encontrado um caçador, o mágico se recusou a ajudar. "Eu o transformarei num rato novamente, pois apesar de ter o corpo de um tigre, ainda tem um coração de rato!"

O medo é provavelmente a causa principal do potencial perdido. Quantas pessoas, através da história, malograram na consecução de seus objetivos porque deram as costas à oportunidade: sentiram medo.

Meu exemplo pessoal e favorito de vitória sobre o medo é Madre Teresa de Calcutá, a simples freira natural da Iugoslávia, cujo coração foi suficientemente grande para abrigar pessoas de todas as classes, de todos os níveis intelectuais, culturais e religiosos. A vida dela foi uma parábola sobre o domínio do medo. Medo da pobreza, da doença, da ameaça à segurança, de ser mal compreendida.

E você, será que tem um corpo de tigre e ainda tem o coração de um rato? Para qual oportunidade você está dando as costas?

Não faltam oportunidades e desafios. Novos empreendimentos comerciais precisam ser estabelecidos. Escolas precisam ser fundadas. Livros precisam ser escritos. Leis precisam ser promulgadas. Vacinas precisam ser descobertas. A poluição precisa ser controlada. Quem sabe se você não é a pessoa indicada para atender a uma destas necessidades, ou a alguma outra dentre milhares e milhares?

A propósito, lembra-se do Black Bart? Afinal, ele não era nada a temer. Quando o capuz caiu, não havia nada a temer. Quando finalmente as autoridades prenderam o ladrão, não encontraram o bandido sanguinário do

Death Valley (vale da morte); encontraram um farmacêutico bem comportado de Decatur, Illinois. O homem que os jornais apontavam como alguém que galopava pelas montanhas sempre em alta velocidade, na realidade tinha tanto medo de cavalos, que praticava seus assaltos viajando numa pequena carruagem. Ele era Charles E. Boles - o bandido que nunca deu um tiro, porque nem sequer carregava pistola!

Existem "falsos capuzes" no seu mundo? Desmascare-os.

Viva!

Sonhe!

Planeje!

E sobretudo realize.

Sugestão para leitura:

HAGGAI, John. "Como vencer o medo." São Paulo: Mundo Cristão, 1996.

LUCADO, Max. "O aplauso do céu." Campinas: United Press Ltda, 1997.

OI JESUS! É O ZÉ!

Ao meio dia, um pobre velho entrava no templo e, poucos minutos depois, saía. Um dia, o sacristão perguntou-lhe o que vinha fazer, pois havia objetos de valor no templo.

Venho orar, respondeu o velho.

Mas é estranho que você consiga orar tão depressa, disse o sacristão.

Bem, retrucou o velho, eu não sei recitar aquelas orações compridas. Mas, diariamente, ao meio dia eu entro neste templo e só falo: "Oi, Jesus, é o Zé." Em um minuto, já estou de saída. É só uma oraçãozinha, mas tenho certeza que ele me ouve.

Alguns dias depois o Zé sofreu um acidente e foi internado num hospital. Na enfermaria, passou a exercer uma grande influência sobre todos. Os doentes mais tristes se tornaram alegres, e muitas pessoas arrasadas passaram a ser ouvidas.

Disse-lhe um dia a irmã: os outros doentes falam que foi você quem mudou tudo aqui na enfermaria.

Eles dizem que você está sempre tão alegre....

É verdade, irmã, estou sempre alegre. É por causa daquela visita que recebo todo dia, me trazendo felicidade.

A irmã ficou atônita. Já notara que a cadeira encostada na cama do Zé estava sempre vazia. Ele era um velho solitário.

Que visita? A que horas?

Diariamente, ao meio-dia, respondeu o Zé, com um brilho nos olhos. Ele vem, fica ao pé da cama. Quando olho para ele, sorri e diz. "Oi, Zé, é o Jesus."

Não importa o tamanho da oração e sim a comunhão que através dela temos com Deus.

Autor desconhecido

O MELHOR PRESENTE

"...quando o fizestes a um destes meus pequeninos irmãos, a mim o fizestes".
Jesus Cristo, Mateus 25:40

Frequentemente nos vemos em dificuldade para saber que presentes daremos a nossos amigos e queridos em ocasiões especiais. Para algumas pessoas (especialmente as que "têm tudo"), os presentes padronizados, comuns, são um tanto desprezíveis. Nada nas lojas chama nossa atenção de modo especial.

Tenho uma sugestão. Pode não parecer caro, nem original, mas creia-me, funciona sempre. Trata-se de um desses presentes que têm imenso valor, sem ostentar uma etiqueta de preço. Não pode ser perdido, nem esquecido. Não há problemas com tamanhos, tampouco. Adapta-se a todas as formas, idades e personalidades. Este presente ideal é... você mesmo. Na sua busca pela excelência, não se esqueça do valor do altruísmo.

É isso mesmo: dê um pouco de você mesmo para os outros.

Dê uma hora de seu tempo a alguém que precisa de você. Envie uma nota de encorajamento a alguém que está desanimado. Faça um ato de bondade a alguém obscuro e esquecido.

Teddy Stallard era excelente concorrente ao título de "esquecido". Não se interessava pela escola. Usava roupas velhas, amarfanhadas, nunca penteava os cabelos. Era um desses meninos na escola que exibiam uma face desconsolada, sem expressão, um olhar enevoado, sem foco definido. Quando a professora, srta. Thompson, falava ao Teddy, ele sempre respondia com monossílabos. Era um camaradinha distante, destituído de graça, sem qualquer motivação, difícil de a gente gostar. Embora a professora dissesse que gostava de todos da classe por igual, bem lá dentro ela não estava sendo muito verdadeira.

Sempre que ela corrigia as provas de Teddy, sentia certo prazer perverso em rabiscar um X ao lado das respostas erradas, e ao lascar um zero no topo da folha, fazia-o com certo gosto. Ela tinha a obrigação de conhecer melhor o Teddy; os dados do menino estavam com ela. A professora sabia mais sobre ele do que gostaria de admitir. O currículo do garoto era o seguinte:

1ª série - Teddy promete muito quanto ao rendimento escolar e atitudes. Situação doméstica má.

2ª série - Teddy poderia melhorar. A mãe está muito doente. O menino recebe pouca ajuda em casa.

3ª série - Teddy é um bom aluno, mas sério demais. Aprende devagar. É lento. A mãe morreu neste ano.

4ª série - Teddy é lento mas tem bom comportamento. O pai é desinteressado de tudo.

Chegou o dia dos professores. Meninos e meninas da classe da srta. Thompson lhe trouxeram presentes. Empilharam os pacotinhos na mesa da professora e rodearam-na, observando-a enquanto os ia abrindo. Entre os presentes havia um, entregue por Teddy Stallard. Ela ficou surpresa ao ver que ele havia trazido um presente. Mas, trouxera mesmo. O presente dele estava enrolado em papel pardo e fita colante, no qual ele escrevera umas palavras simples: "Para a senhorita Thompson – do Teddy." Quando ela abriu o pacote de Teddy, caiu sobre a mesa um bracelete vistoso, feito de pedras semelhantes a cristais, metade das quais já havia desaparecido, e um frasco de perfume barato.

Os meninos e meninas começaram a sufocar risadas, exibindo sorrisos afetados por causa dos presentes de Teddy. Contudo, a srta. Thompson pelo menos teve bom senso suficiente para silenciá-los ao pôr no pulso, imediatamente, o bracelete e um pouco de perfume. Colocando o pulso à altura das narinas das crianças, para que cheirassem, ela perguntou: "Não é delicioso este perfume?" As crianças, seguindo a pista deixada pela mestra, imediatamente concordaram com "uuu!" e "ôôô!"

Terminada a aula, após as crianças terem ido embora, Teddy demorou-se e foi ficando. Muito lentamente, ele se aproximou da professora para dizer-lhe:

– Senhorita Thompson... senhorita Thompson!, a senhora tem o mesmo cheiro de minha mãe... e o bracelete dela ficou bonito na senhora, também. Fiquei contente porque a senhora gostou dos meus presentes.

Depois que Teddy saiu, a senhorita Thompson chorou.

No dia seguinte, quando as crianças voltaram à escola, foram recepcionadas por uma nova professora. A senhorita Thompson se tornara uma pessoa diferente. Já não era a mesma. Passou a ajudar todas as crianças, especialmente Teddy. Pelo fim daquele ano escolar, Teddy mostrava uma melhora dramática. Alcançara a maior parte dos alunos e chegou a ficar à frente de alguns deles.

A senhorita Thompson não recebeu notícias de Teddy durante longo tempo. Então, um dia, entregaram-lhe uma carta:

"Querida srta. Thompson:
Eu quis que a senhora fosse a primeira a saber.
Estou me formando em segundo lugar, em minha classe.
Com muito amor,
Teddy Stallard."

Quatro anos mais tarde, ela recebeu nova carta...

"Querida srta. Thompson:
Disseram-me há pouco que sou o primeiro aluno da classe. Estou me formando este ano. Quis que a senhora fosse a primeira a saber. A universidade não tem sido fácil, mas eu gosto.
Com muito amor,
Teddy Stallard."

Mais quatro anos depois...

"Querida srta. Thompson:
A partir de hoje, sou Theodore Stallard, doutor em Medicina. Que acha? Eu quis que a senhora fosse a primeira a saber. Vou casar-me no mês que vem, para ser exato, no dia 27. Quero que a senhora venha e se sente onde minha mãe se sentaria se ela fosse viva. A senhora é a única pessoa da família que tenho, agora. Meu pai morreu no ano passado.
Com muito amor,
Teddy Stallard."

A srta. Thompson foi àquele casamento e sentou-se onde a mãe de Teddy teria sentado. Ela o mereceu. Havia feito pelo Teddy algo que ele jamais esqueceria.

Que é que você poderia dar como presente? Em vez de simplesmente dar uma coisa, dê algo que sobreviva a você mesmo. Seja generoso. Dê-se a si mesmo a algum Teddy Stallard, "um destes pequenos" a quem você pode ajudar a se tornar um dos grandes.

Sugestão para leitura:

CAMPOLO, Anthony. "Quem trocou a etiqueta de preço?"

“A inanição emocional é tão perigosa quanto a física.”

Dr. Rene Spitz

ELOGIO E ENCORAJAMENTO

"Se você acha que alguém merece um elogio, este é o momento de fazê-lo, pois ele não poderá ler a própria lápide depois de morto."
Berton Braley

Recentemente li o excelente livro *Esconde-Esconde*, do dr. James Dobson. No primeiro capítulo ele conta uma impressionante história, que eu gostaria de compartilhar com você, e tenho a certeza de que ao ler o relato da vida deste jovem, você jamais o esquecerá.

"Ele começou a vida com todos os obstáculos e desvantagens. Sua mãe era uma mulher dominadora, de vontade forte, que achava difícil amar as outras pessoas. Casou-se três vezes, e o segundo marido divorciou-se dela porque ela o espancava regularmente. Morreu de um ataque cardíaco alguns meses antes do nascimento do filho. Em consequência, a mãe teve de trabalhar longas horas, desde a mais tenra infância do filho.

Ela não lhe deu nenhum afeto, amor, disciplina ou educação, nos seus primeiros anos de vida. Até o proibiu de telefonar-lhe quando estivesse trabalhando. Outras crianças não queriam saber dele, por isso estava quase sempre sozinho. Foi totalmente rejeitado, e aos treze anos de idade, o psicólogo de uma escola comentou que provavelmente o rapaz nem sabia o significado da palavra "amor". Durante a adolescência, as meninas não queriam saber dele, e ele brigava com os garotos.

Apesar de um Q.I. alto, fracassou na escola e, finalmente, no penúltimo ano do segundo grau, desistiu de estudar. Pensou que seria aceito no Corpo de Fuzileiros Navais. Dizia-se que eles formavam homens de verdade, e era isto que ele queria ser. Mas seus problemas o acompanharam. Seus colegas fuzileiros riam dele e o ridicularizavam. Ele se defendeu, resistiu à autoridade, enfrentou uma corte marcial e foi expulso da corporação. Ali estava ele – um jovem com pouco mais de vinte anos – sem amigos e totalmente arrasado. Era pequeno e magro. Sua voz era esganiçada como a de um adolescente. Estava ficando calvo. Não tinha talento, nem habilidade, nem valor. Não tinha nada.

Mais uma vez pensou que podia fugir dos seus problemas, desta vez mudando-se para um outro país. Mas lá também foi rejeitado. Nada mudou. Casou-se lá com uma jovem que era filha ilegítima, e a trouxe consigo, quando de volta aos Estados Unidos. Logo, ela começou a alimentar por ele o mesmo desprezo que todos demonstravam. Deu-lhe dois filhos, mas ele nunca gozou da posição e do respeito que um pai deve ter. Seu casamento continuou a esfacelar-se. Sua esposa exigia, cada vez mais, coisas que ele não lhe podia dar. Em lugar de aliar-se a ele contra o mundo amargo, como ele esperava, tornou-se o seu mais cruel inimigo. Conseguia vencê-lo nas brigas e sabia como intimidá-lo. Em determinada ocasião, trancou-o no banheiro para vingar-se. Finalmente, ele foi levado a sair de casa.

Tentou viver sozinho, mas sentia-se muito só. Depois de alguns dias, foi para casa e literalmente implorou que ela o aceitasse de volta. Perdeu todo o orgulho próprio. Rastejou. Humilhou-se, aceitou suas exigências. Apesar de seu magro salário, deu-lhe algum dinheiro para que gastasse como bem entendesse. Mas ela riu dele e zombou de suas frágeis tentativas para sustentar a família. Ridicularizou seu fracasso. Zombou de sua impotência sexual diante de uma amigo. Em certa ocasião, envolvido pelas trevas de seu pesadelo, caiu de joelhos e chorou amargamente.

Finalmente, escolheu o silêncio; deixou de lutar. Ninguém o queria. Ninguém jamais o quisera. Talvez fosse o homem mais rejeitado da atualidade. Seu ego jazia despedaçado, feito pó!

No dia seguinte, era um homem estranhamente diferente. Levantou-se, foi à garagem e apanhou uma espingarda que escondera ali. Levou-a consigo para o emprego que acabara de arranjar em um depósito de livros. E de uma janela do terceiro andar daquele prédio, logo depois do almoço, no dia 22 de novembro de 1963, atirou duas balas que esfacelaram a cabeça do presidente John F. Kennedy.

Cada vez que leio este relato brutal de como Lee Harvey Oswald cresceu sem amigos, sem amor, encorajamento, elogios, ou disciplina, um arrepio me percorre a espinha. Lembro-me de que muitas vezes somos culpados de tratar as pessoas da mesma forma, e até aqueles que mais amamos. Quando podíamos ter amado, retivemos a afeição. Quando poderia ter sido tão simples responder com um sorriso e um cumprimento, criticamos. Quando nos deparamos com um montinho de terra, nós o transformamos em um monte Everest emocional. Quando uma única palavra de ânimo poderia ter iluminado o dia, por razões ignoradas decidimos permanecer silenciosos.

Ao agir desse modo, pode ser que não estejamos acionando o processo de formação de um assassino, mas também pode ser que sim. Na verdade, matamos alguma coisa, pois miramos nossa espingarda de rejeição contra a autoestima e o autorrespeito dessa pessoa. Disparamos nossa arma; chamamos as tropas; lançamos as bombas, ganhamos uma pequena guerra.

Mas será que vencemos mesmo? Um momento de crueldade como esse pode matar intimamente, mesmo que só um pouco, nosso amigo, nosso cônjuge, nosso colega, nosso filho. Todavia, o que talvez tenhamos deixado de perceber é que também morremos um pouco.

Reflita sobre isso!

Sugestão para leitura:

DOBSON, James, Dr. "Esconde-Esconde."

"Mesmo que esteja muito ocupado, você deve sempre arranjar tempo para fazer alguém se sentir importante."

Dr. René Spitz

VOCÊ PODERIA SIMPLESMENTE ME OUVIR...?

"Ouvir não é apenas escutar passivamente. É uma experiência ativa, em que você presta verdadeira atenção àquilo que outra pessoa está dizendo."
Cecil Osborne

Quando lhe peço que me ouça e você começa a me dar conselhos, então não está fazendo o que lhe pedi.

Quando lhe peço que me ouça e você começa a dar palpites, está pisando nos meus sentimentos.

Quando lhe peço que me ouça e você acha que precisa tomar alguma providência para resolver o meu problema, então falhou comigo, por mais estranho que isso possa parecer.

Ouça-me! Tudo que lhe pedi foi que você me desse ouvidos, e não que falasse ou agisse – mas simplesmente que me ouvisse.

Conselhos não custam caro; com alguns trocados consegue-se a opinião de colunistas renomados na teleopinião.

Posso agir por mim mesmo – não sou indefeso; talvez esteja desencorajado e fraquejando, mas não indefeso.

Quando você faz algo por mim que posso e preciso fazer por mim mesmo, está contribuindo para aumentar o meu temor e inutilidade.

Mas quando você aceitar como um simples fato, que sinto aquilo que sinto, não importa quanto seja irracional, então posso parar de tentar convencê-lo e prosseguir com esta tarefa de compreender o que está por detrás deste sentimento irracional. Quando isto se tornar claro, as respostas serão óbvias e eu não precisarei de conselhos.

Sentimentos irracionais fazem mais sentido quando percebemos o que está por detrás deles.

Então, por favor, preste atenção e simplesmente ouça o que tenho a dizer.

E se quiser falar, espere por um momento a sua vez, e eu lhe darei ouvidos.

Você conhece a história do ouvido humano que causou uma guerra?

Pois é verdade. Houve uma vez em que um único ouvido humano causou um conflito internacional. Era o ouvido de um comandante de navio inglês, de nome Jenkins, e do qual os espanhóis tinham as piores referências possíveis. Dizia-se que o capitão Jenkins não primava pela honestidade. Para falar claro, o que corria é que o homem era um pirata. Como era hábito na época, o capitão Jenkins foi preso e condenado. A pena foi a de sempre: "Cortem a orelha dele!"

Cumprida a sentença, Jenkins, indignadíssimo com a perda da orelha, partiu com o que sobrava de seu corpo de volta à Inglaterra, e foi se queixar ao rei.

Os ingleses, que estavam "por aqui" com os espanhóis, loucos de vontade de encontrar um bom motivo para declarar uma boa guerra, não perderam tempo: declararam A Guerra da Orelha de Jenkins.

Parece incrível, mas não é. Acredite! O que interessa neste momento, porém, é outra coisa. O que quero saber é se há por aí alguma guerra a ponto de explodir única e exclusivamente por culpa de sua orelha.

A resposta, na verdade, interessa muito mais a você que a mim. De qualquer modo, que sua orelha não esteja pondo em risco a segurança de ninguém, nem a sua própria, nem a de nenhuma nação soberana, será útil que você responda, a você mesmo, mais uma pergunta:

– Será que minha orelha é mesmo uma boa orelha?

O que quero saber é como você reage quando, no meio de uma conversa, na qual você está se empenhando muito em ajudar alguém, este alguém interrompe o seu discurso e diz que você vá meter o bedelho na vida de outro, que "você não tem nada a ver com a minha vida!" O que é que você ouve? Ouve uma ameaça a sua autoridade? Ou ouve uma espécie de soluço, de gemido, uma voz que lhe pede por favor, que intimida por debaixo das palavras que pronuncia, ou grita, ou berra qualquer coisa como: "Estou só assustado, estou envergonhado pelo que fiz, estou com medo do que você possa fazer! E se você me abandonar agora, aí sim, eu estarei perdido!"

Se você é daqueles que em cada "Vá meter o bedelho na vida do outro!" ouve uma ameaça à sua autoridade, lamento, mas não há dúvidas de que sua orelha está à beira de causar uma Terceira Guerra Mundial, mesmo que apenas dentro de sua casa, ou de seu departamento.

Mas se você pertence ao outro grupo, ao grupo dos homens e mulheres capazes de ouvir o seu próximo, fique tranquilo, que sua audição está perfeita e você não corre risco algum de acabar sem orelha, como o capitão Jenkins. E a paz mundial está garantida.

Sugestão para leitura:

OSBORNE, Cecil. "A arte de relacionar-se com as pessoas."

Ouve, ó Deus, a minha súplica; atende a minha oração. Desde os confins da Terra clamo por ti, no abatimento do meu coração. Leva-me para a rocha que é alta demais para mim.

Davi, Salmo 61:1-2

À PROCURA DE ABRIGO

Desânimo. De onde vem ele? Às vezes ele parece um vento seco, árido, soprado de um deserto solitário. E às vezes algo dentro de nós começa a murchar.

Em outras vezes é como uma névoa que dá calafrios. Gotejando através de nossos poros, ele entorpece o espírito e obscurece o caminho que está diante de nós.

O que há com relação ao desânimo que priva nossas vidas de alegria e nos deixa vulneráveis e expostos?

Não conheço todos os motivos. Não conheço nem mesmo a maioria deles. Conheço, porém, um dos motivos: não temos um refúgio. Nestes dias é difícil encontrar abrigos... você me entende, pessoas que se dispõem a ouvir. Que são boas para guardar segredos. E todos nós necessitamos de ancoradouros onde resguardar-nos quando nos sentimos castigados pelo mau tempo e assolados pela tempestade.

Dê-me ânimo!

Talvez você não o tenha dito em voz alta nos últimos dias. Mas as possibilidades são de que você tenha moldado as palavras nos vestíbulos silenciosos de sua alma.

Dê-me ânimo, por favor!

Talvez você não tenha detido alguém na rua e dito exatamente essa frase. Mas se alguns que se importam bastante olhassem bem de perto... veriam as palavras escritas no seu rosto carrancudo, nos ombros encurvados, nos olhos súplices. Ouviriam as palavras ecoarem em seus comentários descuidados e nos suspiros suprimidos.

Se a verdade fosse conhecida, revelaria que você implora por algum alento. Procurando-o. Ansiando por ele. E, provavelmente em aflição por ter descoberto que o produto está em falta.

Estou certo? Foi aí que você esteve ultimamente? Hibernando na caverna do desânimo? Afagando suas feridas sob algumas nuvens pesadas, escuras, que não se dissipam? Pensando seriamente em renunciar à raça humana?

Se assim for, você está indiscutivelmente desprovido de reforço e de afirmação nestes dias. Começa a perguntar-se não quando chega o alívio, mas se ele algum dia virá, certo? Muito embora você não se sinta com vontade de ler (por favor continue a leitura). Realmente pessoas como você... pessoas que começaram a questionar suas próprias palavras e a duvidar de seu próprio valor. Pessoas que se acham presas ao vale onde o Sol raramente brilha e os outros raramente se importam com alguém.

Esse é você, não é?

Esse também sou eu mais vezes do que se possa imaginar. As compridas sombras do desânimo muitas vezes têm se estendido ao longo do meu caminho. Essas ocasiões têm sido agridoces-acres a princípio, doces mais tarde. Por isso, entendo. Não escrevo com base em teoria estéril, mas baseado na realidade. Minha pena mergulhou num poço profundo. A tinta tem sido escura e muitas vezes fria. Nessas ocasiões tenho lutado com uma falta de autovalor... batalha comum travada no vale.

Por favor, deixe-me introduzir neste momento uma verdade significativa: você ainda é valioso. Ainda conta. Sim, você! O "você" que há dentro de sua pele, que tem sua personalidade e sua aparência. Não importa o que afinal o conduziu aonde você está hoje, você é a pessoa com que eu gostaria de conversar por alguns instantes. Muito embora, talvez, se julgue desnecessário aos outros, e ninguém tem notado sua presença, eu ainda gostaria de trocar algumas palavras com você.

Tenho apenas um alvo em mente: incentivá-lo.

Você familiarizou-se com desapontamentos, com sonhos desfeitos e com desilusão. Crise parece ser sua companheira mais íntima. Como um malho de cinco quilos, sua dor de cabeça o vem martelando perigosamente a ponto de levá-lo ao desespero. A menos que eu esteja errado, o negativismo e o cinismo se infiltraram em sua conduta. Você vê pouca esperança no dobrar da esquina. Como disse um gaiato: "A luz que se vê no fim do túnel é o farol de um trem que se aproxima." Você concorda com um aceno de cabeça, mas é provável que não esteja sorrindo. A vida tornou-se terrivelmente sem graça.

As pessoas desanimadas não necessitam de críticas. Elas já estão bastante feridas. Não necessitam de mais culpa ou de angústia acumulada. Elas necessitam de estímulo. Necessitam de um refúgio. Um lugar onde esconder-se e curar-se.

Alguém disposto, atencioso, disponível. Um confidente, um companheiro de lutas. Não se pode encontrar um sequer? Por que não compartilhar do abrigo de Davi? Aquele que ele chamava de minha força, minha rocha, castelo forte, cidadela e torre alta.

O refúgio de Davi nunca falhou. Nem uma vez sequer. E ele nunca se lamentou pelas vezes que deixou cair sua carga e fugiu para o abrigo.

Nem o fará você.

Sugestão para leitura:

SWINDOLL, Charles R. "Davi: um homem segundo o coração de Deus." São Paulo: Mundo Cristão, 1998.

“Et tu, Brute?”

Júlio César 44 a.C.

LEALDADE

Júlio César confiava cegamente em Marco Júnio Brutus. Eles haviam compartilhado grandes ideias e segredos.

Nos idos de março, em 44 a.C., César entrou no prédio do senado romano como sempre, mas nesse dia ele foi saudado por seus assassinos. Lutou para escapar, enfrentando os conspiradores. Então ele o viu! – aproximando-se, de adaga em punho, pronto para golpeá-lo.

Ferido pela traição, César abandonou a resistência, puxou a toga sobre a cabeça e pronunciou a famosa, memorável interrogativa: ET TU, BRUTE?, ou Até tu, Brutus?, e sem mais protestar, foi ao encontro da morte.

Poucos de nós jamais conheceremos uma traição tão pungente quanto César, mas nossos amigos podem matar a nossa confiança a "facadas".

Confiança, transparência e vulnerabilidade são o material com o qual as verdadeiras amizades são construídas. Muitas vezes o nosso medo da traição pesa mais do que a disposição em arriscar-nos a confiar a outra pessoa os nossos pensamentos íntimos, por isso escolhemos permanecer invulneráveis. Como diz uma velha canção: "...E uma rocha nunca chora, e uma ilha nunca sente dor."

Nós, é claro, de fato choramos e sentimos dor. É por isso que precisamos de um amigo. Acima de tudo leal.

Em 1864, em Edinburgh, Escócia, vivia um velho homem chamado Jock. Durante toda a vida tinha sido um fiel pastor de ovelhas, enfrentando bravamente perigos e intempéries para defender o rebanho. Com quase setenta anos, ainda conservava o coração e a habilidade de um pastor, mas não a saúde necessária. Suas pernas já não podiam escalar as pedras para resgatar uma ovelha ou para espantar um predador. E embora a família para quem trabalhava gostasse muito dele, as finanças iam mal e não podiam conservá-lo. Assim, mancando por fora e magoado por dentro, lá se foi ele de trem, deixando sua terra natal rumo a um novo lar na cidade.

Jock fazia um pouco de tudo e ganhou muitos amigos naquela cidade de mercadores. Eles gostavam do velho Jock pelo seu sorriso simpático, e por suas habilidades nos mais variados trabalhos. Mas, apesar de tantos amigos, sua família se constituía apenas dele e de um cachorrinho fox terrier que ele adotou com o nome de Bobby.

Jock e Bobby eram inseparáveis e estavam sempre juntos na rotina de passar pelas lojas em busca de serviços. Todos os dias eles começavam pelo restaurante local, onde recebiam o que comer em troca de serviços de Jock. Depois continuavam de porta em porta até que finalmente, à noite, os dois voltavam para um porão que lhes servia de morada.

Dizem que muitas pessoas pressentem quando o tempo de morrer está próximo. Foi assim com Jock. Já havia passado quase um ano desde que chegara à cidade. Agora era pleno verão e as colinas estavam em flor. Um dia, ao amanhecer, em vez de levantar, o velho Jock puxou sua cama até perto da janelinha do quarto. E lá ficou, olhando as montanhas distantes de sua amada Escócia.

Bobby – disse ele afagando o pêlo escuro e denso do cachorro, com a mão que agora só tinha a força do amor – , é tempo de eu ir para casa. Eles não conseguirão me afastar de minha terra novamente. Sinto muito, camarada, mas você vai ter de se cuidar sozinho daqui por diante.

Jock foi enterrado no dia seguinte em um lugar pouco comum para pobres. Por causa do lugar onde morreu e da necessidade de ser enterrado rapidamente, seus restos mortais foram colocados num dos cemitérios mais nobres de Edinburgh, o cemitério Greyfriar. Entre os grandes e mais nobres homens da Escócia, foi enterrado um homem comum e simples. Mas é aqui que nossa história começa.

Na manhã seguinte, o pequeno Bobby apareceu no mesmo restaurante que ele e Jock visitavam cada manhã. A seguir ele fez a ronda das lojas, como ele e Jock haviam sempre feito. Isto aconteceu dia após dia. Mas à noite o cachorrinho desaparecia e somente reaparecia no restaurante no dia seguinte.

Amigos do velho Jock se perguntavam onde o cachorro ia dormir, até que o mistério foi resolvido. Cada noite, Bobby não ia à procura de um lugar quente para dormir, nem mesmo de um abrigo para protegê-lo do frio e da chuva constantes da Escócia. Ele ia até o cemitério Greyfriar e tomava posição ao lado de seu dono.

O vigia do cemitério tocava o cachorro cada vez que o via. Afinal, existia uma ordem expressa proibindo cachorros de entrar em cemitérios. O homem tentou consertar a cerca e até pôs armadilhas para caçar o cachorro. Finalmente, com a ajuda do chefe de polícia, o pequeno Bobby foi capturado e preso por não ter uma licença. E uma vez que ninguém podia apresentar-se como legítimo dono daquele cachorro, parecia que Bobby seria morto.

Amigos do velho Jock e de Bobby que souberam do caso foram até a corte local a favor de Bobby. Finalmente, chegou o dia quando o caso deles iria ser apresentado à alta corte de Edinburgh.

Seria quase um milagre salvar a vida de Bobby, sem mencionar o tornar possível, para aquele cão fiel, poder ficar perto do túmulo de seu amigo. Mas foi exatamente o que aconteceu, como um ato sem precedentes na história da Escócia.

Antes que o juiz pudesse dar a sentença, uma horda de crianças entrou na sala de audiência. Moeda por moeda, aquelas crianças conseguiram a quantia necessária para a licença de Bobby.

O oficial da corte ficou tão impressionado pela afeição das crianças pelo animal que concedeu a ele um título especial, tornando-o propriedade da cidade, com uma coleira declarando este fato.

Bobby pôde então correr livremente, brincando com as crianças durante o dia. Mas cada noite, durante catorze anos até que morreu em 1879, aquele amigo leal manteve guarda silenciosa no cemitério de Greyfriar, bem ao lado de seu dono. Se algum dia você for a Edinburgh, poderá ver a estátua de Bobby naquele cemitério que ainda está lá, mais de 120 anos após sua morte.

Aquele cachorrinho de Edinburgh demonstra uma característica que gostaríamos de encontrar em todos os seres humanos, lealdade. A lealdade que nos faz permanecer ao lado da cama de alguém doente, ouvir o problema dos outros horas sem fim, dar uma ajuda extra até mesmo num sábado ou feriado.

Esta incrível espécie de amor suave é lealdade. Felizmente é encontrada em algumas pessoas. A quem dedico este texto.

Sugestão para leitura:

MALTIN, Leonard. "The Disney films, referências a Greyfriar´s Bobby."

“As tempestades fazem os carvalhos aprofundarem suas raízes.”

George Herbert

IRRITAÇÕES

Agarrado no sedimento arenoso onde o rio desembocava no oceano, Lippe, o molusco, abriu gentilmente a sua concha a fim de sugar água do mar, exatamente como vinha fazendo durante toda a sua vida. Dessa vez, entretanto, a água que corria pelo seu sistema de filtragem deixou um incômodo grão de areia em seu corpo. Ele não o conseguia deslocar. Nada que ele fizesse seria capaz de eliminar aquela partícula de sílica posta em seu corpo. Apesar de o grão de areia não lhe ameaçar a vida, era deveras irritante. O dia do molusco ficou absolutamente arruinado.

Dois dias depois, ficou óbvio que aquele grão de areia tinha se alojado ali para ficar. Ficara encravado entre a carne mole da ostra e sua concha. O menor movimento de Lippe era suficiente para acentuar a irritação: mais ou menos como uma pedrinha que dentro do sapato cria uma dor crescente, à medida que se anda.

Todavia, ostras e seres humanos enfrentam irritações, reagindo de maneira bastante diferente. Podemos tirar o sapato e retirar a pedrinha; a ostra não pode desfazer-se de sua concha a fim de extrair o grão de areia. Por isso mesmo, o Criador proveu a ostra de uma secreção especial cujo nome é nácar. Mais ou menos como uma aranha pode expelir material para armar a sua teia, a ostra pode secretar o nácar em redor do fator de irritação, a fim de abrandar o incômodo.

Dotado de um instinto dado pelo Criador, Lippe formou um cisto protetor em redor da substância estranha, e foi revertendo sistematicamente o grão de areia com sua secreção. Isto embotou as arestas cortantes do grão. Mesmo assim, o fragmento de sílica continuava exercendo pressão contra a carne da ostra. Lippe, então, liberou maior quantidade de secreção, envolvendo o grão de areia com uma segunda camada de nácar. Os meses arrastavam-se e se tornaram anos, mas a irritação não se ia. Embora agora o nácar tivesse formado uma proteção arredondada e lisa, e não lhe cortasse mais a carne, formara-se uma excrescência interna de tal volume, que o molusco sentia como se alguém estivesse pressionando um dedo em seu lado.

Lippe sentia-se derrotado. Apesar de todo o seu duro trabalho, o fator da irritação havia aumentado de volume.

Ele estava certo de que aquela imensa excrescência o havia tornado um fenômeno anormal. "Ninguém, jamais, haverá de me querer", lamuriava-se. Quando o apanhador de ostras lançou a sua caçapa e retirou Lippe de sua incrustação no sedimento do fundo do mar, ele não ofereceu resistência. O senso de depressão havia substituído o deleite da vida. E ele costumava pensar: "Haveria algo pior do que esses últimos sete anos de sofrimento?"

Na manhã seguinte, o preparador das ostras cortou o músculo, que mantinha juntas as duas metades da concha, e deixou a ostra escorregar para dentro de uma tigela. A cozinha explodiu com um grito de excitação: "Vejam só o que eu encontrei! É a maior pérola que já vi. Vale uma fortuna!" A maneira como aquela ostra havia trabalhado a causa de sua dor tornara-se fonte de prazer e alegria para outrem.

A pérola é a única gema formada por um organismo vivo, razão pela qual também é a mais frágil de todas as gemas. As pérolas são riscadas com facilidade e começam a dissolver-se quando entram em contato com algum ácido. Outras gemas resultam de sedimentação ou de carbono sujeitos a tremendo calor e pressão, nas entranhas da terra. Apesar de todas as gemas terem muito valor comercial, uma pérola grande e perfeita, que se desenvolveu no interior de uma ostra sem qualquer manipulação humana, pode chegar a preço mais elevado do que um diamante perfeitamente lapidado.

Nem todas as ostras produzem pérolas: menos de dez por cento delas são produtivas. Usualmente, conseguem livrar-se dos grãos de areia que se alojam em seus sistemas. E mesmo quando não conseguem desvencilhar-se de algum fator de irritação, algumas ajustam-se à dor. Por semelhante modo, nem todos suportam bem as aflições e os problemas; mas aqueles que conseguem resistir à severidade dos testes têm uma rica oportunidade de produzir uma pérola.

Os sofrimentos podem produzir mágoas e tristezas ou pérolas de extraordinário valor.

Sugestão para leitura:

CORNWALL, Judson. "O cultivador de pérolas." São Paulo: Abba Press, 1994.

“Um homem precisa de ouvidos fortes para ouvir o que se diz sobre ele, quando é julgado com liberdade.”

Montaigne

O PROBLEMA DE AGRADAR A TODOS

Às vezes acontece de você se desesperar porque descobre que não pode agradar a todos? Fica com a impressão de que passa a vida se esforçando para agradar e ajudar os outros para, no fim, ser sempre mal compreendido ou mal interpretado? Se isto lhe acontece, reflita sobre esta frase de Montaigne: "Um homem precisa de ouvidos fortes para ouvir o que se diz sobre ele, quando é julgado com liberdade."

A verdade é que, por mais que você se esforce para ser justo, cuidadoso e consciente, sempre há alguém que interpreta mal as suas atitudes ou suas ações. Se aparece alguém que gasta muito na tentativa de ajudar os amigos, imediatamente começam os ***mexericos,*** acusando-o de desperdício, ou de extravagância. Mas se aparece alguém que conta cuidadosamente seus vinténs, preocupado em resguardar-se para o futuro, não faltará quem o acuse de sovina.

Se você é menos liberal que alguém em relação a algum assunto, imediatamente será taxado de "conservador" ou "antiquado". Mas se você é mais liberal, é o outro que passa a ser taxado de "preconceituoso" e "ultrapassado".

O que há, na minha opinião, é a tendência geral que todos nós temos de condenar nos outros defeitos que condenamos em nós mesmos.

Se alguém não faz alguma coisa, há quem o critique por não ter feito; mas se faz, há críticas também porque faz. Quando um homem que sempre agiu de determinada maneira muda sua atitude, há quem o critique por ter mudado, quem o critique por ter deixado de ser (ou fazer) como antes e, claro, que o critique por ter passado a ser (ou fazer) o que está sendo (ou fazendo) agora.

Por isto é que, na minha opinião, o caminho mais acertado é reconhecer que ninguém, em tempo algum, consegue agradar a todos. Acho mesmo que ninguém consegue agradar a ninguém, por muito tempo, nem mesmo a si próprio.

Será que você, por exemplo, jamais teve um momento de arrependimento por algo que fez ou deixou de fazer?

Também aqui o meu conselho é de que cada um faça o possível para agir conscienciosamente, de acordo com o que lhe parecer mais acertado, de acordo com suas convicções, com a mente sempre aberta para a possibilidade de estar errado. E, enquanto isto, esperar com fé que nossos erros sejam perdoados. Sejamos tolerantes para com os outros para merecermos, nós também, a tolerância para nossos erros.

Seja o que você **É**, e saiba: fatalmente, seu modo de ser acabará por desagradar a alguém. Agradeça as críticas que lhe fizeram, faça bom uso das críticas construtivas e vá em frente, dando sempre o melhor de si. Se você aprender a viver em harmonia com seu verdadeiro **EU**, as críticas que fatalmente receberá não o farão sofrer tanto.

Aquele que recebe um beneficio não deve jamais esquecê-lo; aquele que o concede não deve jamais lembrá-lo.

Pierre Charron

MAIS UMA VEZ... OBRIGADO!

Uma família inglesa viajava para a Escócia nas férias de verão. A mãe e o pai ansiavam por se divertir com o filho pequeno nas belas paisagens escocesas. Um dia, o menino saiu andando pelos bosques, sozinho, e chegou a um açude. Como qualquer garoto da sua idade, tirou a roupa e mergulhou. Mas estava totalmente despreparado para o que aconteceu a seguir. Antes que pudesse usufruir das delícias da água, foi tomado por uma violenta câimbra. Lutando para manter-se na superfície, gritou por socorro.

A luta pela vida estava quase perdida quando, por sorte, um menino numa fazenda próxima ouviu os gritos desesperados e correu para salvar o inglês. O pai do quase afogado ficou muito grato, é claro, e quis conhecer o salvador do filho. No dia seguinte se encontraram e o inglês perguntou ao corajoso rapazinho quais eram seus planos para o futuro. O garoto respondeu:

– Acho que vou ser fazendeiro, como meu pai.

O pai agradecido fez outra pergunta:

– E você gostaria de ser alguma outra coisa?

– Ah, sim! – respondeu o menino. – Sempre quis ser médico, mas somos pobres e minha família não pode pagar meus estudos.

– Muito bem – disse o inglês. – Você pode seguir seu desejo e estudar medicina. Tome as providências e eu arco com as despesas.

Assim, o garoto escocês veio a ser médico.

Anos depois, em dezembro de 1943, Winston Churchill ficou gravemente doente, com pneumonia, no norte da África. Avisaram Sir Alexander Fleming, que havia descoberto uma droga miraculosa chamada penicilina.

O dr. Fleming imediatamente embarcou num avião para a África, levando o remédio para o primeiro-ministro. E salvou pela segunda vez a sua vida, pois era Winston Churchill o menino inglês que Alexander Fleming tinha socorrido no açude, muitos anos antes.

Diga "obrigado".

A palavra "obrigado" tem um tremendo poder. Cada vez que você a diz para uma outra pessoa, aumenta a autoestima dela. Seu agradecimento recompensa e reforça o comportamento dela. Seu "obrigado" aumenta a probabilidade de a pessoa repeti-lo. Se você diz "obrigado" por pequenas coisas, em pouco tempo as pessoas estarão fazendo grandes coisas por você.

Desenvolva o hábito de dizer "obrigado" a todo mundo por tudo e por qualquer coisa que lhe façam. Diga "obrigado" a seu cônjuge por tudo o que ele fizer para você. Diga "obrigado" a seus filhos por qualquer coisa que façam pela casa. Quanto mais você agradecer a seu cônjuge e filhos, mais positivos e felizes eles se sentirão em relação a si mesmos. Mais ansiosos eles estarão para fazerem mais coisas que disparem sua estima.

Durante todo o dia, diga "obrigado" às pessoas que fazem coisas por você.

Desenvolva uma "atitude de gratidão". As pessoas mais felizes e mais populares são aquelas que passam a vida tendo autêntica gratidão pelas coisas que lhes acontecem e por todos os que conhecem. Uma atitude de gratidão garante uma personalidade saudável e um nível mais elevado de autoestima. E quanto mais grato você for pelo que tem, mais coisas vai ter para agradecer.

Obrigado por ler!

Sugestão para leitura:

CANFIELD, Jack. "Você não está só, livro I." Rio de Janeiro: Ediouro, 1998.

"O riso é a menor distância entre duas pessoas."

Victor Borge

APENAS SORRIA!

Muitas pessoas conhecem *O Pequeno Príncipe*, um bonito livro escrito por Antoine de Saint-Exupéry. É um livro fantástico e lendário, que funciona tanto como história infantil quanto como fábula que leva os adultos à reflexão. Porém, poucos conhecem os outros escritos, novelas e contos de Saint-Exupéry.

Ele foi um piloto de guerra que lutou contra os nazistas e foi morto em combate. Antes da Segunda Guerra Mundial, lutou na guerra civil espanhola contra os fascistas. Escreveu uma história fascinante sobre essa experiência intitulada "O sorriso". É esta história que eu gostaria de compartilhar com vocês agora. Não está claro se ele tencionava escrever uma história autobiográfica ou uma história de ficção. Prefiro acreditar na primeira hipótese.

Segundo sua história, ele foi capturado pelo inimigo e lançado numa cela de prisão. Estava certo de que, pelos olhares desdenhosos e pelo tratamento rude que recebeu de seus carcereiros, seria executado no dia seguinte. A partir daqui, contarei a história conforme me lembro, com minhas próprias palavras.

"Eu tinha a certeza de que seria morto. Fiquei terrivelmente nervoso e perturbado. Remexi em meus bolsos para ver se havia algum cigarro que tivesse escapado à sua revista. Encontrei um e, por causa de minhas mãos trêmulas, mal podia levá-lo aos lábios. Mas eu não tinha fósforos; estes eles haviam levado.

Olhei através das grades para meu carcereiro. Ele não respondeu ao meu olhar. Afinal, não se estabelece contato visual com uma coisa, um cadáver. Eu gritei para ele: 'Tem fogo, por favor?' Ele olhou para mim, encolheu os ombros e veio até onde eu estava para acender meu cigarro. Ao se aproximar e acender o fósforo, seus olhos inadvertidamente se cruzaram com os meus. Naquele momento eu sorri. Não sei por que fiz isso. Talvez por nervosismo, talvez porque quando se está realmente perto de alguém, é muito difícil não sorrir. Em todo o caso, eu sorri. Naquele instante foi como se uma faísca saltasse no espaço entre nossos dois corações, nossas duas almas. Sei que ele não queria, mas meu sorriso saltou por entre as grades e gerou um sorriso em seus lábios também. Ele acendeu meu cigarro, mas permaneceu perto, olhando-me diretamente nos olhos e continuando a sorrir.

Continuei sorrindo para ele, agora consciente da pessoa e não apenas do carcereiro. E seu olhar para mim também parecia ter uma nova dimensão!

– Você tem filhos? – ele perguntou.

– Sim, aqui, aqui. Tirei minha carteira e procurei nervosamente as fotografias de minha família. Ele também puxou as fotos de seus "niños" e começou a falar sobre seus planos para eles. Meus olhos se encheram de lágrimas. Eu disse que temia nunca mais ver minha família novamente, nunca ter a chance de vê-los crescer. Lágrimas também afloraram em seus olhos.

De repente, sem qualquer outra palavra, ele destrancou minha cela e silenciosamente me conduziu para fora. Uma vez fora da prisão, conduziu-me silenciosamente por estradas secundárias, para fora da cidade. Lá, nos limites da cidade, ele me libertou, e sem nenhuma outra palavra, voltou em direção à cidade.

'Minha vida foi salva por um sorriso'."

Sim, o sorriso – a conexão verdadeira, espontânea e natural entre as pessoas. Conto esta história por que aprendi com ela. Realmente acredito que se nós nos reconhecêssemos como pessoas, desconsiderando nossos títulos, cargos, *status*, não teríamos inimigos. Não poderíamos ter ódio, inveja ou medo. A história de Saint-Exupéry fala daquele momento mágico em que duas almas se reconhecem.

Um sorriso genuíno dirigido a outra pessoa diz um bocado de coisas. Diz: "Eu o aceito como você é, de maneira incondicional." Quando você sorri para uma outra pessoa, ela se sente valiosa, importante e digna. Sente-se melhor em relação a si mesma. E o que custa a você é um simples sorriso, uma expressão de autêntica cordialidade.

Vamos, sorria!

Sugestão para leitura:

CANFIELD, Jack. "Chicken soup for the soul."Health Communications, 1996.

SWINDOLL, Charles R. "Ria-se de novo." Mogi das Cruzes: Unilit, 1995

"Ganhar dinheiro e acumular bens jamais deveria ser nossa prioridade. Essa meta limitada não nos cura nem nos faz felizes."

Hugh Prather

DECLARAÇÃO DE BENS

"Às vezes o homem mais pobre
deixa a seus filhos a herança mais rica."
Ruth E. Renkel

Seu desejo de adquirir se tornou seu único objetivo na vida? O impulso de sempre querer mais tem te convencido de que a conquista e acúmulo de bens vai fazê-lo feliz e lhe assegurará um futuro tranquilo?

Lamento dizer que as posses trazem somente felicidade temporária. Há algum tempo tive uma grande lição ao ouvir este depoimento, de Hélio Fraga, ex-jornalista de Belo Horizonte, que agora compartilho com você.

"O pai moderno, muitas vezes perplexo e angustiado, passa a vida inteira correndo como um louco em busca do futuro, esquecendo-se do agora e, nessa luta, renuncia ao presente.

Com prazer e orgulho, a cada ano, preenche sua declaração de bens para o Imposto de Renda. Cada nova linha acrescida foi produto de muito trabalho. Lotes, casas, apartamentos, sítios, casa de praia, automóvel do ano – tudo isso custou dias, semanas, meses de luta. Mas ele está sedimentando o futuro de sua família, se partir de repente, já cumpriu sua missão e não vai deixá-la desamparada.

Para ir escrevendo cada vez mais linhas na sua relação de bens, ele não se contenta com um emprego só – é preciso ter dois ou três; vender parte das férias; levar serviço para casa. É um tal de viajar, almoçar fora, fazer reuniões, preencher a agenda – afinal, ele, um executivo dinâmico, não pode fraquejar.

Esse homem se esquece de que a verdadeira declaração de bens, o valor que efetivamente conta, está em outra página do formulário do imposto renda – naquelas modestas linhas, quase escondidas, onde se lê: Relação de Dependentes. São os filhos que colocou no mundo, a quem deve dedicar o melhor de seu tempo. Os filhos, novos demais, não estão interessados em propriedades e no aumento da renda. Eles só querem um pai para conviver, dialogar, brincar. Os anos passam, os meninos crescem, e o pai nem percebe, porque se entregou de tal forma à construção do futuro, que não participou de suas alegrias; não os levou ou buscou no colégio; nunca foi a uma festa infantil; não teve tempo para assistir à coroação da filha como rainha da primavera. Um executivo não deve desviar sua atenção para essas bobagens. São coisas para desocupados.

Há filhos órfãos de pais vivos, porque estão "entregues". O pai, para um lado, a mãe para o outro, e a família desintegrada, sem amor, sem diálogo, sem convivência. É esta convivência que solidifica a fraternidade entre irmãos, abre o caminho no coração, elimina problemas resolve as coisas na base do entendimento. Há irmãos crescendo como verdadeiros estranhos, que só se encontram de passagem em casa e para ver os pais, é quase preciso marcar hora.

Depois de uma dramática experiência pessoal e familiar vivida, a mensagem que tenho para dar é: Não há tempo melhor aplicado do aquele destinado aos filhos.

Dos 18 anos de casado, passei 15 absorvidos por muitas tarefas, envolvido em várias ocupações e totalmente entregue a um objetivo único e prioritário: Construir o futuro para três filhos e minha mulher. Isso me custou longos afastamentos de casa: viagens, estágios, cursos, plantões no jornal, madrugada no estúdio da televisão... uma vida sempre agitada, tormentosa e apaixonante, na dedicação à profissão – que foi na verdade, mais importante do que a minha família.

Agora, estou aqui com o resultado de tanto esforço: Construí o futuro penosamente, e não sei o que fazer com ele, depois da perda de Luiz Otavio e Priscila.

De que vale tudo que juntei, se esses filhos não estão mais aqui, para aproveitar isso com a gente? Se o resultado de 30 anos de trabalho fosse consumido por um incêndio e, desses bens todos, não restasse nada mais do que cinzas, isso não teria a menor importância; não ia provocar o menor abalo em nossa vida, porque a escala de valores mudou, e o dinheiro passou a ter peso mínimo e relativo em tudo.

Se o meu dinheiro não foi capaz de comprar a cura do meu filho amado que se drogou e morreu; não fui capaz de evitar a fuga de minha filhinha, que saiu de casa e prostituiu-se, e dela não tenho mais notícia. Para que serve? Para que serve ser escravo dele?

Eu trocaria – explodindo de felicidade – todas as linhas da declaração de bens por duas únicas que tive de retirar da relação de dependentes: os nomes Luiz Otávio e de Priscila."

O mal você pode obter facilmente,
e em quantidade: a estrada
é suave e está sempre perto.
Contudo, à frente da excelência os
deuses imortais colocaram suor;
o caminho para a excelência é
longo, íngreme e áspero, de início.
Quando, porém você chega ao
topo, torna-se fácil, embora duro.

Hesíodo, 700 a.C

QUEM ESTÁ AVALIANDO A EXCELÊNCIA QUE HÁ EM VOCÊ?

Quando embarquei nesta jornada literária muitas semanas atrás, tive uma grave preocupação: "Conseguirei comunicar a importância da excelência sem dar a impressão de que ela é sinônimo de sucesso?" Quero dizer sucesso como se vulgarizou a palavra. Em minha opinião, já temos um número suficiente de livros sobre este assunto – *sucesso*. Textos sobre motivação, técnicas para se relacionar bem e autoajuda orientada para o sucesso estão em profusão ao nosso redor.

Alguns são úteis, outros pouco mais que palha. Entretanto, muito pouco se tem escrito sobre o compromisso com a excelência – a verdadeira excelência, o tipo de excelência que transmite qualidade superior, atenção a minúcias significativas, cuidado com aquilo que realmente interessa.

A excelência é um conceito difícil de comunicar porque pode ser facilmente interpretado como perfeccionismo neurótico, ou satisfação esnobe. Excelência não é nada disso. Ao contrário, *é o material de que se faz a grandeza*. É a diferença entre viver apenas, e voar alto e sublime – o que faz a diferença entre o significativo e o superficial, o duradouro e o temporário. Os que a buscam, fazem-no em razão daquilo que pulsa lá dentro deles, não em razão do que os outros pensam, falam ou fazem. A excelência autêntica não é desempenho. Ela está aí, quer a notem e tentem descobri-la, quer passe sem ser notada.

Quando a Estátua da Liberdade recebeu uma limpeza geral, de que estava grandemente necessitada, nos anos 1985-86, foi examinada em todas as minúcias. Os artesões e artistas que realizaram os reparos tiveram ampla oportunidade de estudar o trabalho artístico original. Ficaram impressionados – talvez a palavra mais adequada seja "espantados" com o projeto do escultor, o notável cidadão francês Frédéric Bartholdi, e sua equipe, que utilizaram suas habilidades artísticas há mais de um século. Não se esqueceram de nada. Um exemplo é a magnífica obra realizada na coroa e na cabeça da Estátua da Liberdade. A atenção extrema devotada a pequeninas minúcias foi de tal ordem, que as pessoas poderiam pensar que essa parte do trabalho haveria de ser examinada por todas as pessoas. Mas o fato é que ninguém jamais a veria de cima. Desde que foi erguida e fixada em seu lugar, medindo mais de 50 metros de altura, só algumas gaivotas poderiam admirar-lhe o penteado. Dificilmente aqueles artistas franceses conseguiriam sequer imaginar que um dia alguns helicópteros voariam por cima da estátua, dando tempo ao olho humano para observar e usufruir uma beleza de tal magnitude. Veja você, o projeto da cabeça da Estátua da Liberdade caracterizou-se pela excelência; nunca importou se alguém haveria de parar para examiná-la e admirá-la, ou não.

A mediocridade vai se tornando a palavra-chave de nossa época. Usam-se agora em todas as desculpas imagináveis a fim de torná-la aceitável, com grande esperança de que seja preferida. Cortes em orçamentos, prazos finais, a opinião da maioria e o pragmatismo teimoso estão falando mais alto, e superam a excelência. Estas forças parecem estar vencendo a corrida. Médias que representam incompetência ou *statu quo* são colocadas diante de nós como sendo o máximo que podemos esperar agora; e a tragédia é que um número crescente de pessoas, virtualmente concorda com a situação. Por que preocupar-se com coisinhas insignificantes? Por que preocupar-se com voos elevados, sublimes, se tão poucas pessoas conseguem planar, ao menos? Por que preocupar-se com o genuíno hoje, se o artificial parece tão real?

Para deixar as coisas bem claras: por que pensar com profundidade, e se a maioria das pessoas deseja alguém que pense em seu lugar? Por que viver de modo diferente numa sociedade em que é muito mais fácil parecer igual a todo mundo, e nadar a favor da correnteza? Por que lutar com denodo quando tão poucas pessoas parecem interessadas nessa guerra? Por que erguer-se corajosamente se isto poderá significar correr o risco do ridículo, da má interpretação, ou ser considerado sonhador por alguns e tolo por outros?

Devemos esperar que alguém estabeleça nossos padrões, ou o ritmo de nossos passos? Nunca! Há muito da águia em alguns de nós, para que nos sintamos confortáveis recebendo diretivas da maioria. Minha firme convicção é que as pessoas que influenciam e remodelam poderosamente o mundo são as que se comprometeram a viver acima da mediocridade. Ainda há muitas oportunidades para a prática da excelência, muita exigência de distinção, para que se fique satisfeito com apenas ir vivendo. E como escreveu certa vez, Isaac D´Israeli:

"...que gosto pavoroso satisfazer-se com a mediocridade, quando a excelência está diante de nós".

Sugestão para leitura:

COVEY, Stephen R. "Reflexões diárias para pessoas muito eficazes."

“

Você diz que o tempo passa? Não!
O tempo fica, nós é que passamos.

”

Henry A. Dobson

HORAS, O QUE SÃO?

"Você ama a vida?
Não desperdice então o tempo,
pois é dele que se compõe a vida."
Sir Walter Scott

Se eu parasse você na rua e perguntasse: "Por favor, que horas são?", o que você faria? Provavelmente olharia o relógio e diria: "São quinze para as três", ou algo assim. Mas se eu parasse você na rua e perguntasse a mesma coisa, porém numa ordem diferente: "Horas, o que são?" provavelmente você me olharia como se eu fosse louco. Não se costuma parar pessoas na rua para fazer perguntas filosóficas.

O que é o tempo? Como você o definiria?

Uma vez, Santo Agostinho tentou responder a esta pergunta. Ele disse: "O que é o tempo? Quem poderá explicá-lo de forma rápida e fácil?... Certamente entendemos muito bem quando falamos dele. E o que é tempo, afinal? Se ninguém me perguntar, eu sei; mas se eu desejasse explicá-lo a alguém – eu francamente não sei." Obviamente, o perspicaz Santo Agostinho não foi de grande ajuda neste assunto.

Durante séculos, filósofos e sábios têm tentado explicar o tempo. Sir Isaac Newton disse que o tempo era abosluto, que ele ocorreria independentemente da existência do Universo. Surgiu Leibniz e virou do avesso a definição de Newton. Disse ele: "Tempo é meramente a ordem dos eventos, não uma entidade em si própria." Albert Einstein seguiu Leibniz, e afirmou que "O tempo não tem existência independentemente da ordem dos eventos pelos quais o medimos."

Complicado, não!?

O que mais nos interessa é: para onde vai o tempo?

Todos fazemos a pergunta: "Para onde foi o tempo?" Esta indagação retórica, sem dúvida, expõe erradamente o caso. O tempo não sai de cena; ele simplesmente passa na velocidade de sempre – enquanto nós realizamos muito menos do que talvez devêssemos realizar. Seria melhor perguntar: "Como planejei tão mal e deixei tanto para fazer em tão pouco tempo?"

O tempo pode ser perdido, mas nunca recuperado. Não pode ser acumulado; precisa ser gasto (investido). Alguém afirmou que não podemos guardá-lo, congelá-lo, nem colocá-lo em latas. Não podemos fabricá-lo. O tempo é, talvez, o único dom pelo qual cada ser humano é igualmente responsável.

NINGUÉM TEM MAIS TEMPO QUE VOCÊ!

Ninguém tem mais – nem menos – tempo do que você ou do que nós. Cada pessoa tem direito a 1.440 minutos por dia, 168 horas por semana. Todos temos, em cada dia, a mesma quantidade de tempo que os demais. Eis o paradoxo: niguém tem tempo suficiente; cada um tem todo o tempo que existe. Pense, porém, na qualidade do seu tempo e investimento!

Todavia, apesar de sua reconhecida preciosidade e vasto potencial, não há nada que desperdicemos tão impensadamente como o tempo. Foi o sábio pragmático Sir Walter Scott quem escreveu:

"Você ama a vida?
Não desperdice então o tempo
pois é dele que se compõe a vida."

O TEMPO PARECE TER ESTRANHAS QUALIDADES

Ele se estende na primeira semana de férias e se contrai na segunda. Passa mais devagar para o paciente do que para o dentista. Passa mais devagar para a classe do que para o professor.

Dizem-nos que o tempo passa. Na verdade, não é ele que passa, somos nós. O tempo está parado. O único tempo que temos é AGORA. Esta é a qualidade existencial do tempo.

Aproveite-o bem. Boa sorte!

Sugestão para leitura:

SMITH, Hyrum W. "The ten natural laws of successful time and life management." Warner Books, 1994.

“Pouco importa quantos aniversários já comemorou, talvez você esteja apenas começando.”

Francisco Luz ,
comemorando seu 77º aniversário e
convalescendo da oitava cirurgia na próstata.

TEMPO E OPORTUNIDADE

Já faz tempo que se considera a idade de sessenta anos como a ocasião em que a pessoa deve abdicar da vida e ir para o pasto. Muitas e prestigiosas organizações aposentam compulsoriamente seu pessoal na idade de cinquenta e cinco e sessenta anos.

A maioria absoluta das pessoas acha que o ápice de sua vida está em torno dos quarenta anos. Pior do que isto, também põe na cabeça a grande inverdade, a de que vai viver em média sessenta e cinco anos. A absorção desta premissa antropológica da vida tem uma consequência no mínimo perversa. Ao chegar aos cinquenta anos de idade, essas pessoas acreditam que lhes falta uma pequena parcela de realizações nesta vida terrena.

O raciocínio se processa mais ou menos da seguinte forma: como faltam apenas quinze anos para a morte e como o ápice das suas vidas situa-se numa fase anterior, estando, portanto, numa curva descendente, as pessoas enviam ao cérebro a mensagem de que já realizaram noventa por cento de tudo o que deveriam realizar. Este código cerebral, esta lógica de vida, tem de ser mudado. “Vou nascer, viver minha infância e adolescência, trabalhar durante trinta e cinco anos, chegar ao ápice da vida aos quarenta, aposentar-me aos cinquenta e cinco anos e morrer aos sessenta e cinco.” Deve evoluir de maneira vigorosa para: “Vou viver minha infância e adolescência, trabalhar para o resto da minha vida, aposentar-me nos termos tradicionais aos cinquenta e cinco anos, morrer aos noventa, e o melhor ano da minha vida será o ano da minha morte.” Vejamos se a idade é, realmente, o problema.

Qualquer que seja a sua idade, é agora a ocasião de tomar a decisão de tornar-se uma pessoa ainda melhor do que é. Por exemplo, Roberto Marinho fundou a Rede Globo quando tinha sessenta anos, Ray Crock abriu o primeiro McDonald’s aos cinquenta e cinco anos, mais de oitenta por cento da obra de Jung foi feita a partir dos seus sessenta anos. Martin Buber, o grande filósofo, tinha sessenta e seis anos quando consolidou a terceira escola Buberiana. Henry Fayol deixou mais de noventa por cento do seu legado para o pensamento administrativo aos setenta e cinco anos de idade. Isto sem falar nos homens brilhantes que já nos deixaram: Tom Jobim, Austregésilo de Athayde, Sobral Pinto, Grande Othelo, Herbert von

Karajan e outros milhares de exemplos. Eles consolidam a ideia de que o melhor ano da vida pode perfeitamente ser o último.

No outro lado da escala, os jovens têm realmente grandes oportunidades. Jefferson tinha trinta e três anos quando redigiu a Declaração de Independência dos Estados Unidos. Newton formulou a Lei da Gravitação Universal aos vinte e quatro anos, e o freio a ar foi inventado por Westinghouse aos vinte e três anos. Dickens tinha vinte e quatro anos quando escreveu *Pickwick Papers*, e vinte e cinco quando escreveu *Oliver Twist*.

Não importa a sua idade, você tem muito a realizar.

Neste exato momento. Em meu próprio caso, ao escrever estas palavras, tenho trinta e seis anos de idade, encontro-me muito bem e, honestamente, acredito que os meus melhores e mais produtivos anos ainda estão no futuro.

O "imortal" Austregésilo de Athayde, em vida um incansável batalhador das letras, aos noventa e dois anos trabalhava dezesseis horas por dia: pela manhã, no *Jornal do Comércio*, e à tarde na Academia Brasileira de Letras.

O mestre Eugênio Gundin, "pai" dos economistas brasileiros, esteve ativo até os seus últimos dias de vida, aos cem anos, quando ainda escrevia sua coluna semanal no jornal *O Globo*.

Qualquer que seja a sua idade, há no seu coração a curiosidade pelos fatos e sua infalível sensação de prelibação infantil pelo que "vem depois" no trabalho e no jogo da vida. Você é tão jovem quanto a sua fé, tão velho quanto as suas dúvidas; tão jovem quanto a sua autoconfiança, tão velho quanto o seu medo; tão jovem quanto a sua esperança, tão velho quanto o seu desespero. No âmago do seu coração há uma câmera de gravação. Enquanto ela receber mensagens de beleza, esperança, alegria e coragem, você é jovem.

Boa sorte, garoto!

Sugestão para leitura:

VIANA, Marco Aurélio Ferreira. "O melhor ano da vida." Editora Gente, 1996.

"A procrastinação não é apenas a ladra do tempo; é também o túmulo da oportunidade."

Anônimo.

PARE DE ADIAR

"O que quer que possa fazer,
ou sonhar que possa, comece logo.
O arrojo está cheio de poder, magia e gênio."
Goethe

Adiar uma tarefa desagradável de vez em quando não é grave, mas se torna um problema quando é uma atitude crônica. A procrastinação ou o ato de deixar as coisas para depois sempre foi um dos principais fatores que impediram as pessoas de realizar coisas.

Existem, naturalmente, vários graus de adiamento, mas em todos eles, deixar para fazer mais tarde uma coisa que se poderia fazer agora torna-se um substituto aceitável e uma incrível expressão da autoilusão. O fato mais interessante sobre a expressão "mais tarde" é que ninguém pode reprovar-nos ou dizer que estamos mentindo, pois quando somos confrontados podemos retrucar: "Eu disse que faria mais tarde, e ainda não é mais tarde."

Já foi dito que o adiamento é a mais mortal forma de negação, e quando você diz "mais tarde" para alguma coisa que é realmente importante está se enganando e negando-se o direito ao sucesso.

Não deixe suas possibilidades serem sufocadas pela procrastinação. Faça. Agora! Quer esperar até que o sofrimento todo se vá? Quer esperar até que tenha a certeza de que não será "magoado" novamente da maneira como foi pela última vez? Começará quando tiver a certeza de que nunca falhará? Dará o primeiro passo apenas quando estiver certo de que possa completar a jornada? Fará a primeira mudança quando conseguir a chamada inspiração?

Faça! Cresça! Basta de tanta mágoa e lamento! É crucial para o seu sucesso que você comece a pôr um fim nessa mania de adiamento, agora!

Sugestão para leitura:

TURNER, Colin. "Nascido para o sucesso." Rio de Janeiro: Record, 1997.

Como é estranha a nossa pequena procissão da vida! A criança diz: "Quando me tornar moço." O moço diz: "Quando me formar." Uma vez formado, diz: "Quando me casar." Após o casamento, ena plena luta pela vida, o pensamento muda: "Quando me aposentar." E então, o aposentado olha para trás e contempla o panorama percorrido. Um vento glacial sopra em toda parte. O homem se dá conta de que ele nada aproveitou, e agora está tudo acabado. A vida – aprendemos tarde demais – não consiste em esperar pelo futuro, mas em viver plenamente cada dia e cada hora presentes.

Stephen Leacock

QUANTO TEMPO VOCÊ VIVEU?

Quanto tempo você viveu?

Eu apresentei a questão para os alunos da minha primeira aula, na qual abordaria o tema "QUALIDADE DE VIDA".

Ninguém se manifestou. Talvez porque a maneira como perguntei foi intimidativa. Talvez porque a questão carregasse uma certa ambiguidade.

Então eu apontei para um dos alunos que estava à frente, chamando a atenção para ele. Fiz a pergunta novamente, desta vez com mais ênfase:

– Quanto tempo você viveu?

Minha pergunta parecia um ataque pessoal. Instintivamente ele respondeu: "Vinte e quatro anos!"

– Não! Não! – retruquei. Eu não perguntei há quanto tempo você respira, há quanto tempo você pertence à vida humana. Eu gostaria que você me falasse de quanto tempo realmente você viveu!?

Pude perceber que aquele acuado e defensivo aluno estava confuso. Percebi que tinha alguma noção do que lhe perguntava, mas não se sentia seguro. Eu sabia que ele precisava de alguma ajuda.

– Quando tinha doze anos – disse a ele – fui levado à capital de São Paulo, num passeio cultural, promovido pela escola onde eu estudava no primeiro grau. Era um grupo de aproximadamente quarenta pessoas. Não me lembro de tudo o que aconteceu nesse passeio; o que me lembro foi de ter estado no topo do Edifício Itália. Eu estava ansioso, buscava aventura e alegria como qualquer criança numa viagem escolar. Parei repentinamente com a grade de proteção no meu peito e pude ver toda a cidade.

Lembro-me daquele momento vivamente. Todas as coisas ao meu redor pareciam não existir. Passei a respirar uma estranha paz e serenidade. Para mim, aquele momento pertencia a uma outra dimensão de espaço e tempo. E contemplei aquela incrível cidade que nascera antes de mim, com suas torres de concreto e vidro. Uma forte sensação de que aquilo era uma enorme cidade-miniatura tomou conta de mim. Parecia uma daquelas maquetes montadas na época de Natal nas grandes lojas, só que infinitamente maior.

Fiquei emocionado, extasiado. Lembro-me de ter dito estas simples palavras para mim mesmo: "Dani, você está no topo do Edifício Itália!"

Isto foi com grande consciência, uma hiperintensiva consciência de que a maravilha que via estava longe de ser descrita. De um modo místico, eu estava fora de mim e refletia a minha própria experiência.

– Não sei quanto tempo viverei, – disse para o meu aluno – mas se viver um milhão de anos, me lembrarei daquele momento, porque realmente o vivi. Agora, deixe-me perguntar novamente: quanto tempo você viveu?

O jovem estava numa séria e profunda reflexão e respondeu vagarosamente, como que ponderando cada palavra de sua resposta:

– Quando você fala viver igual ao que você viveu naquele momento particular em São Paulo, talvez um minuto, talvez dois! Quero dizer, se eu somasse todos os momentos que vivi na vida com esse tipo de emoção, eles não seriam muito mais que isso.

Então melancolicamente considerou:

– Quando paro para pensar sobre isso, muito da minha vida foi sem significado, poucos momentos eu realmente os vivi.

Mesmo assim, a vida para aquele jovem era provavelmente melhor do que para a maioria das pessoas, pela realidade que lhe era revelada: muitas pessoas nascem e, anos mais tarde, morrem sem realmente terem vivido completamente. Há muitos que nunca refletiram "com carinho" sobre suas vidas. Comem e dormem, trabalham e se reproduzem, estudam e se esquecem. Buscam viver em segurança, mas mesmo assim encontram a morte.

De vez em quando, algo acontece com as pessoas e as sacode de suas vidas cotidianas, introduzindo-as em um suposto "êxtase". Foi o que aconteceu com o escritor russo do século dezenove, Fyodor Dostoyevsky. Ele nunca foi um homem ordinário, mas foi uma experiência em particular que lhe deu discernimento e fez parte de sua genialidade.

Como um idealista, Dostoyevsky acreditava que a revolução política era o seu destino, o caminho que Deus lhe havia traçado. Juntou-se a um dos movimentos socialistas militantes que pareciam estar onipresentes na Rússia do século dezenove. Entretanto, seu esforço para derrotar o czar malogrou. Foi preso pelo czar e sentenciado à morte.

Mas ele não morreu.

Aqueles que desafiaram o poder totalitário do czar foram submetidos a uma cruel tortura psicológica. Tiveram seus olhos vendados diante de um pelotão de fuzilamento. As ordens de "preparar!", "apontar!" e "fogo!" foram dadas. O som dos tiros foram ouvidos. Mas nada! As balas eram de festim. As vítimas tinham sido submetidas a uma tortura emocional com o objetivo de levá-las à morte psicológica.

O processo foi idealizado para destruir a vida emocional das vítimas do czar, mas no caso de Dostoyevsky, ironicamente proporcionou uma maneira inteiramente nova de ver a vida. Em face da morte, teve uma percepção realista da vida. Aprendeu a apreciar cada momento da vida como se fosse o último momento, então, tudo que era ordinário assumia grande importância.

Quando comia a refeição, concentrava-se no gosto, saboreava cada mordida porque acreditava ser sua última refeição.

Quando andava pelo pátio da prisão, respirava profundamente estufando os pulmões apreciando como nunca tinha feito antes.

O condenado Dostoyevsky, cada momento, cada experiência viveu com profundidade, sensibilidade e emoção.

Ele estudou o rosto de cada um dos soldados que tinham a tarefa de torturá-lo. Porque estava convencido que aquele seria o último rosto que veria.

Dostoyevsky viveu face a face com a morte. Mais tarde, confessaria que viveu muito mais nos momentos em que estava convencido que seriam os últimos momentos de sua vida.

Havia aprendido perante a morte a viver, como a antiga advertência latina: *Carpe Diem*! (Aproveite o dia!).

Ah! Não esqueça de responder à pergunta: Quanto tempo você viveu?

Boa sorte! Aproveite o dia!

Sugestão para leitura:

CAMPOLO, Anthony. "Carpe diem." World Publishing, 1994.

"...mesmo enquanto falamos,
o tempo, malvado, nos escapa:
aproveita o dia de hoje e não te
fies no amanhã."

Horácio, Odes, Livro I, ode 11, versos 6-8.

CARPE DIEM

Carpe Diem, "aproveite o dia", tornou-se um convite estimulante e de tão forte apelo que o leitor é capaz de ficar um tanto desapontado com o original de Horácio. O poeta aconselha seu amigo a não ir à luta e conquistar o mundo, mas sim a voltar ao trabalho de sempre.

Ninguém sabe o que os deuses lhe reservam, assegura Horácio; então, a melhor coisa é parar de sonhar com o futuro, admitir que a vida é curta e colher os frutos de hoje.

Esse é o tipo de frase que agradeço, mas prefiro considerar fora do contexto. As interpretações que vieram depois sobre esse tema são muito mais românticas, ou pelo menos, mais interessantes. Veja, por exemplo, o filme de Peter Weir, Sociedade dos Poetas Mortos, no qual Robin Williams interpretava um professor que instava seus alunos ao *Carpe Diem*, ou seja, usar da oportunidade de viver mais este dia, e fazê-lo com intensidade! É isto que estou sugerindo. Certamente não estou pregando o "desfrute agora e pague depois"! O que quero é dizer que nossa melhor chance é aproveitar o presente, para planejar nossa qualidade de vida no futuro, mas fazendo com que seu futuro comece hoje, e já comece a lhe trazer boas coisas hoje.

Muitos têm consciência do momento atual, sem que para isto seja necessário fazer muito esforço – quando estão vivendo plenamente no presente, em vez de mentalmente girando e se contorcendo no passado.

Outras pessoas são mais infelizes, estão vivendo suas vidas olhando para trás, por cima de seus ombros. Que desperdício! Nada atrás pode ser alterado.

O que está no passado? Somente duas coisas: ou grandes realizações e empreendimentos que nos poderiam tornar orgulhosos revivendo-os, ou que nos poderiam tornar indiferentes, se descansarmos sobre eles... ou fracassos e derrotas que não podem ajudar-nos, mas podem despertar sentimento de culpa e vergonha. Por que no mundo alguém gostaria de voltar àquela areia movediça? Nunca fui capaz de calcular isto corretamente. Ao relembrar aqueles acontecimentos inglórios e ineficazes de ontem, nossas energias são solapadas para enfrentarmos as exigências de hoje.

Os bons velhos tempos não significam o período em que foi jovem, ou mesmo os dias de "glória" de sua carreira. Para ser mais exato, o importante são os dias de hoje, este dia que se desenrola à sua frente, agora. *Carpe Diem*, aproveite o dia!

Sugestão para leitura:

DAVIS, Ken. "Como obter o máximo da vida." São Paulo: Vida, 1997.

“

A reflexão é a melhor ajuda para a memória.

”

Matthew Henry

DESCANSO E REFLEXÃO

"O arco que está sempre flexionado acaba se quebrando."
Ditado grego

Descanso e reflexão não constituem um luxo; são necessidades essenciais. Ficar a sós e descansar durante um período não é egoísmo. Pegar um dia de folga, presentear-se com um período de férias relaxantes e revigorantes não é só fisiológico; é reflexivo. Nada há absolutamente nada de invejável ou reflexivo em coronárias entupidas ou nervos em frangalhos. Tampouco um programa ultra-ativo é, necessariamente, marca de uma vida produtiva. Eu constantemente me lembro do antigo lema grego: "O arco que está sempre flexionado acabará se quebrando."

Bem, como é que a coisa funciona em sua vida? Vamos fazer uma breve apreciação: faça uma pausa longa o suficiente para você rever tudo e refletir. Procure ser honesto ao responder às seguintes perguntas, que talvez o magoem um pouco:

Meu ritmo este ano é realmente diferente do ritmo do ano passado?

Estou gostando da maior parte de minhas atividades, ou apenas estou tolerando-as?

Arranjei tempo, deliberadamente, em várias ocasiões neste ano, para uma reflexão pessoal?

Tenho engolido minhas refeições às pressas, ou venho dando tempo suficiente para provar e degustar o alimento?

Dou a mim mesmo permissão para um relaxamento, um momento de lazer para estar tranquilo?

Será que as outras pessoas acham que estou trabalhando demais, durante muitas horas, ou vivendo sob tensão? Sinto-me às vezes entediado e muitas vezes preocupado?

Estou mantendo-me em forma fisicamente? Considero meu corpo importante o suficiente para seguir uma dieta alimentar, com exercícios físicos regulares, sono suficiente, a fim de eliminar o excesso de peso?

Como está meu senso de humor?

Aproximo-me perigosamente do ponto em que vou estar exausto, totalmente "desanimado"?

Dureza, não? Mas haveria uma ocasião melhor do que agora mesmo para você fazer uma pequena avaliação? Se for necessário, introduza modificações, uma pequena reestruturação em sua vida. Podemos aprender uma lição com a natureza. Após a colheita sempre se segue um período de descanso; a terra precisa de algum tempo para renovar-se. A produção constante, sem restauração, esgota os recursos e, na verdade diminui a qualidade do produto.

Atenção, grandes realizadores e viciados no trabalho! Tomem cuidado! Se o alarme em seu painel interior mostra a luz vermelha piscando nervosamente, é sinal de que você está carregando um fardo demasiadamente pesado, longe demais e rápido demais. Se você não diminuir a marcha, vai lamentar-se... e vão lamentar-se os que o amam. Se você tiver a coragem de dar o fora desse beco sem saída e realizar as mudanças necessárias, será sábio. Entretanto, quero advertí-lo quanto a três barreiras que você vai enfrentar imediatamente.

Primeira barreira: a falsa culpa. Ao dizer "não" às pessoas a quem você costumava dizer "sim", você vai passar a sentir umas agulhadas de culpa. Despreze-as! Segunda: hostilidade e incompreensão da parte dos outros. A maioria das pessoas não vai entender suas novas decisões no sentido de diminuir o ritmo, de modo especial as que se encontram no barco que vai afundando, do qual você acaba de pular fora. Não há problema! Mantenha suas decisões! Terceira: você se defrontará com perspectivas pessoais dolorosas. Não podemos preencher cada momento livre com algum tipo de atividade, e você começará a ver o seu verdadeiro eu, e não vai gostar de algumas coisas que vai notar, coisas que antigamente contaminavam sua vida agitada. Entretanto, dentro de um período relativamente curto de tempo, você dobrará a esquina e estará na estrada que o conduzirá a uma vida mais sadia, mais livre e mais plena. Mais do que tudo, sua busca à excelência voltará aos trilhos corretos.

É óbvio que toda conversa sobre descanso e reflexão pode ser levada a um extremo ridículo. Estou bem ciente disto. Contudo, para cada pessoa que decide emigrar para esse extremo, e ali enferrujar, há milhares de outras que se empenham numa batalha feroz contra a exaustão. Nenhum desses extremos é correto; neste ou naquele, estamos errados.

Meu desejo é que todos permaneçamos no ponto da sabedoria. No equilíbrio. Com a mente correta. Com boa saúde.

Como você está?

Sugestão para lazer:

Vá à praia, cinema, teatro, pescar, casa da sogra, enfim, divirta-se.
Não precisa ler nada esta semana.

Sugestão para leitura:

SWINDOLL, Charles. "A busca do caráter." Vida, 1991.

"

Se você for capaz de enxergar uma oportunidade tão rápido quanto consegue ver os defeitos dos outros, em breve conseguirá ter êxito.

"

Napoleon Hill

SÍNDROME DE PROCUSTO

Na mitologia grega, um gigante chamado Procusto convidava pessoas para passarem a noite em sua cama de ferro. Mas havia uma armadilha nesta hospitalidade: ele insistia que os visitantes coubessem, com perfeição, na cama. Se eram muito baixos, ele os esticava; se eram altos, cortava suas pernas.

Por mais artificial que isto possa parecer, será que não gastamos um bocado de energia emocional tentando alterar ou "enquadrar" outras pessoas de formas diversas, embora menos drásticas?

Esperamos, com frequência, que os outros vivam segundo nossos padrões e ideais, ajustando-se aos nossos conceitos de como eles deveriam ser. Ou então, assumimos a responsabilidade de torná-los felizes, bem ajustados e emocionalmente saudáveis.

A verdade é que grande parte dos atritos que existem nos relacionamentos acontecem quando tentamos impor nossa vontade aos outros – quando tentamos administrá-los e controlá-los.

De tempos em tempos, em graus variados, assumimos responsabilidades que não nos pertencem. Tentamos dirigir a vida das outras pessoas, com a intenção de influenciar tudo, desde a dieta até a escolha de roupas, decisões financeiras e profissionais. Tomamos partido e ficamos excessivamente envolvidos, até encontramos ou criamos problemas onde não existem para poder criticar e oferecer conselhos.

É preciso entender que ninguém muda até que deseje fazê-lo, esteja disposto a mudar e pronto, para tomar as atitudes necessárias para efetuar a mudança. É por este motivo que o resultado de nosso "procustianismo" é, contudo, sempre o mesmo. Estamos destinados a fracassar em nossos esforços para controlar ou modificar alguém, não importa quanto sejam nobres nossas intenções. E estamos destinados a terminar num turbilhão – frustrados, ressentidos e cheios de autopiedade.

E o que dizer das pessoas que tentamos orientar? Por outro lado, mostramos falta de respeito por seus direitos como indivíduos, privando-as da oportunidade de aprender através de suas próprias escolhas, decisões e erros. Em resumo, nosso relacionamento com aqueles com os quais declaramos nos preocupar profundamente torna-se desarmonioso e forçado.

Permita que os outros vivam sua vida, enquanto vivemos a nossa - viva e deixe viver!

Sugestão para leitura:

J.B.W. "Tranquilidade: caminhos para a paz interior." Rio de Janeiro: Record, 1998.

"O ódio não afeta o objeto odiado, mas arrasa o receptáculo que o carrega."

Tom MacDonald Hill

RES-SEN-TI-MEN-TO

"A raiva é um vento que
apaga a lâmpada da mente."
D. C. Luz

Vinte e quatro de março de 1989. Uma noite fria na costa do Alasca. O capitão de um petroleiro gritava ordens para um companheiro de trabalho. As ordens eram vagas, a noite e a colisão seriam um desastre. O navio petroleiro Exxon Valdez foi de encontro aos arrecifes e derramou 32 milhões de litros de óleo cru numa das áreas mais bonitas do mundo. O petróleo enegreceu tudo, a superfície do mar, as praias, as lontras e as gaivotas. O Alasca ficou enfurecido, e a Exxon, companhia dona do navio, ficou humilhada.

A colisão, por mais terrível que tenha sido, parece modesta quando comparada com as que ocorrem em nossas relações cotidianas. Já tivemos essa experiência. Alguém não corresponde às nossas expectativas. Promessas não são cumpridas. Pistolas verbais são sacadas e detonados tiros de palavras.

De que resulta tudo isso? Uma colisão do casco do seu coração com os arrecifes das ações de alguém. Energia preciosa escapa, revestindo a superfície de sua alma de uma camada mortal de ressentimento. Um lençol negro de amargura escurece seu mundo, reduz sua visão, torna amarga sua própria aparência e sufoca sua alegria.

Você tem ferida no coração?

Talvez a ferida seja antiga. Um genitor violentou você. Um professor o humilhou. Um companheiro o traiu. Um sócio o enganou, deixando você com opção de pagar as dívidas ou ir à falência.

E você ficou aborrecido.

Ou talvez a ferida seja recente. O amigo que lhe deve dinheiro acaba de passar dirigindo um carro novo. O chefe que lhe deu o emprego com promessa de promoção esqueceu a pronúncia de seu nome. Seus amigos foram passear no fim de semana e nem sequer o convidaram. Os filhos que criou parecem ter esquecido que você existe.

E você ficou magoado. Uma parte de você está quebrantada, e a outra amargurada. Uma parte de você quer chorar, e a outra deseja lutar. As lágrimas que você chora são quentes porque procedem do coração e nele há fogo queimando continuamente. É um fogo de raiva. Está queimando. Está consumindo. Suas chamas ardem debaixo da panela fervente da vingança.

E você tem uma decisão a tomar. "Apagarei o fogo, ou o alimentarei? Esqueço ou me vingo? Liberto-me, ou fico ressentido? Permitirei que sejam curadas minhas feridas, ou as transformarei em ódio?"

Aqui está uma boa definição de ressentimento: é deixar suas feridas se transformarem em ódio. Ressentimento é permitir que aquilo que está matando você o destrua totalmente. Ressentir-se é atiçar, alimentar e abanar o fogo, aumentando as chamas e reavivando a dor.

Ressentimento é a decisão deliberada de nutrir a ofensa até que ela se torne um negro, furioso e amargo rancor.

Ressentimento é uma palavra que define a si mesmo.

Pronuncie esta palavra vagarosamente: Res-sen-ti-men-to.

Ela começa com um som semelhante a um rosnado (rrr...). Como um urso com mau hálito ao despertar de um período de hibernação, ou como um sardento cachorro vira-lata defendendo seu osso na sarjeta da rua.

Estar junto de uma pessoa ressentida e acariciar um cão rosnando. Proporcionam igual prazer.

Você não gosta de ficar junto das pessoas que nutrem ressentimento? Não é um prazer ouvi-las contar seu conto lamuriento? Elas são tão otimistas! São cheias de esperança! Explodem de alegria com a vida!

Você sabe que não é assim. Sabe que se elas vibram com alguma coisa, esta coisa é a raiva. Se estão cheias de alguma coisa, esta coisa são as arestas de condenação de todas as pessoas que as ofenderam. Portadores de ressentimento e animais raivosos não são muito diferentes. Ambos são irascíveis. Ambos são explosivos. Ambos podem contaminar os outros com sua raiva. Alguém precisa colocar uma placa de advertência em torno do pescoço das pessoas ressentidas com os seguintes dizeres: "Cuidado, portador de ressentimento." Não é bastante acusar; o caráter da outra pessoa deve ser enlameado. Não é suficiente apontar o dedo; deve-se apontar um rifle. Atiram-se calúnias. Xinga-se. Trancam-se círculos delimitadores. Constroem-se muros de separação. Criam-se inimigos.

O ressentimento negro, espesso e profundo impede seus passos. Não há saltos alegres pelos prados. Não há saudável escalada de montanhas. Apenas dia após o outro, andando na tempestade de ombros curvados contra o vento, e os pés se arrastando pelo estrume que a vida produziu.

É assim que você lida com suas feridas? Está permitindo que suas feridas se transformem em ódio? Se for assim, pergunte a si mesmo: está funcionando? Seu ódio tem feito algum bem para você? Seu ressentimento lhe trouxe alívio e paz? Tem ele proporcionado a você alguma alegria?

Digamos que você deu o troco. Digamos que fez alguém recuar. Digamos que a pessoa recebeu o que merecia. Digamos que sua fantasia de fúria percorreu seu curso feroz e que você retornou de todo o seu sofrimento com interesse. Imagine-se diante do cadáver daquele que você odiava. Sente-se livre agora?

O ressentimento é a cocaína das emoções. Ele faz com que nosso sangue circule e que aumente o nível energético. Mas como a cocaína, ele exige doses cada vez maiores e mais frequentes. Há um ponto crítico em que ela deixa de ser uma emoção e se torna uma força propulsora. Uma pessoa inclinada à vingança inconscientemente se afasta mais e mais da capacidade de perdoar, porque sem raiva ela está privada de uma fonte de energia.

Livre-se do ressentimento porque como a cocaína pode matar o viciado, a raiva também pode matar o raivoso. Pense nisto e comece a perdoar.

Sugestão para leitura:

LUCADO, Max. "O aplauso do céu." Campinas: United Press Ltda, 1997.

Pessoas brilhantes falam
sobre ideias.
Pessoas medíocres falam
sobre coisas.
Pessoas pequenas falam
sobre outras pessoas.

Dick Corrigan

UMA QUESTÃO DE FOCALIZAÇÃO

"Conta-se que quando Gutzon Borglum, o escultor,
estava trabalhando para esculpir o busto de Lincoln,
que agora se encontra na cúpula do Capitólio em Washington D.C.,
a faxineira do prédio observava o trabalho de Borglum
todas as noites, até que um dia viu que no mármore
conseguia enxergar o rosto de Lincoln.
Depois de algum tempo criou coragem e perguntou ao escultor:
Como o senhor sabia que Lincoln estava aí na pedra?
Era uma questão de focalização.
Ela só via a pedra e Borglum via Lincoln."

Se você está procurando buracos, o melhor lugar
para encontrá-los é numa porta de tela. Há milhares deles lá,
mas se você ficar observando os buracos não vai
perceber como a tela protege a casa contra os insetos.
Stephen BrownWhen being good isn't good enough.

O julgamento está por terminar.

Após dias de trabalho, finalmente a defesa vai ser ouvida. Dia após dia as testemunhas juntaram evidências.

Culpado.

Culpado.

Afinal, veio a defesa. Mas espere! Onde está o júri? O quê? Foi tomar café? E o juiz? Ele cabeceia à mesa do tribunal! A defesa se pronuncia, mas não há ninguém para ouvir! Ninguém exceto você!

E você é o acusado. É o seu julgamento. Está no tribunal da vida, sem defesa. Ninguém se importa com isto.

Agora você compreende, vê o significado de tudo. Estava sendo julgado mesmo antes de o tribunal se instalar; sentenciado, antes de ser proclamada a evidência, condenado sem misericórdia, como que morto antes de vir ao tribunal.

Que tal se isso acontecesse com você?

Se fosse julgado sem ter a oportunidade de replicar e condenado por motivos falsos proferidos por testemunhas falsas, num tribunal falso?

O que diz de ser prejulgado por preconceitos alheios?

Se isso acontecesse com você?

Não aconteceu? E não acontece? Você não é julgado sem defesa por todos os que o rotulam, estereotipam, criticam ou condenam simplesmente baseados em preconceitos?

Mas você não faz o mesmo, também? Cada vez que fornece uma informação maldosa, que faz um juízo preconcebido ou ri com uma ponta de zombaria preconceituosa?

Preconceito é prejulgamento, é pesar outro indivíduo ou os pontos de vista dele com a pressão do seu polegar sobre a balança.

Preconceito é fazer seu julgamento de discriminação contra outros, baseando-se em coisas que eles não fizeram, que não puderam modificar e delas não deveriam arrepender-se.

Não há nada de lógico, absolutamente. Nada de razoável, racional ou justo. O preconceito não tem resposta para isso. É uma emoção, não uma convicção.

Quando um homem fala de seus preconceitos, diz: "EU SINTO." Quando fala de suas opiniões, diz: "EU ACHO." Quando fala de suas convicções, Diz "EU SEI!"

Você pode desafiar as convicções dele pela lógica ou mudar suas opiniões mediante argumentos. Mas não os seus preconceitos. Eles não podem ser expressos facilmente com palavras. São reações não verbais que um homem raramente admite.

De onde vieram esses preconceitos? Para principiar, poucos de nós aprendemos a tê-los. Apanhamo-los como uma doença. É uma moléstia. Uma moléstia do caráter transmitida tão fácil e acidentalmente como qualquer uma de ordem física.

Você e eu estamos contaminados. Todos temos preconceitos. E, o que é pior, somos transmissores. Nossos filhos os apanham de nós quando "pegam no ar" os significados ocultos de nossas palavras descuidadas ou ironias. Qualquer escorregadela da língua, por inocente que pareça ser, pode criar atitudes nocivas ou deixar um resíduo de preconceito.

Criticamos porque crítica faz algo por nós. Algo que não queremos dizer e enfrentar, mas que nos faz sentir bem – no momento.

Isso nos deveria revelar serem na realidade essas atitudes críticas, crônicas, sintomas de distúrbio emocional. O brigão, o lamuriento, depreciador ou o novidadeiro (fofoqueiro) são doentes. Gente que cria encrenca é, via de regra, gente perturbada.

As pessoas espicaçam outras para resguardar seus próprios sentimentos de culpa ao apontarem para outros como piores do que elas.

Ou para usar os outros como bode expiatório de erros que acham difícil reconhecer como seus.

Ou para acalmar tensões emocionais e frustrações das suas próprias personalidades.

Ou para satisfazer aos seus próprios desejos e imaginárias aspirações, já que não podem ou não querem realizá-los.

Você tem coragem suficiente para verificar isso em você mesmo? Posso propor-lhe uma pequena prova?

É VERDADE OU NÃO: você nunca critica no intuito de justificar seu próprio fracasso ou frustração? Não conseguiu o que queria, ou perdeu o que tinha? E assim, voltou-se contra pessoas que encontrou pelo caminho? Ou fez recair sobre um terceiro a culpa de seu infortúnio?

É VERDADE OU NÃO: você nunca critica para obter sua ambição? Nunca deseja desgraça para o inimigo, para o competidor ou pessoas que ameaçam seu sucesso? Deixa seu mexerico espezinhar os que estão no seu caminho? Você deprecia os que estão abaixo de você para ganhar aprovação dos que estão acima?

É VERDADE OU NÃO: Você nunca critica com o fito de acalmar seus sentimentos de culpa ou de diminuir sua própria culpa e responsabilidade? Você concorda com a maioria, contra suas melhores convicções, e depois põe-se a fazer mexericos e a criticar a minoria cuja posição honesta lhe causou sentimento de culpa? Você habitualmente "aferretoa" aqueles que surpreende fazendo coisas que já fez e das quais saiu impune?

Com esses testes você pode se avaliar e assim conhecer o resultado. Mas isto não comprova sua suspeita de que seu interesse em achar defeitos nos outros tem raízes emocionais? Que essa crítica crônica é apenas um sintoma de problemas muito mais profundos? Que no fundo é uma questão moral?

Isso nos permite levar a bom termo, por procuração, nossas piores tendências. Um exemplo: William Causins, professor no Instituto Seattle de Administração de Imóveis, recomenda que os proprietários "mantenham ao menos um casal escandaloso em cada prédio de apartamento, para deixar os inquilinos contentes. "A presença desse par", ele insiste, "deixa-os entretidos em bisbilhotices e, inconscientemente, os faz felizes."

A crítica pode ser um problema moral tanto para o que fala como para o que ouve. São necessários dois para "cortar a casaca". O ouvinte é tão culpado quanto o que fala. Nenhum homem de bem dá seu apoio quando uma pessoa ausente e provavelmente inocente está sendo aviltada. É da responsabilidade humana protestar se um ser humano é depreciado. Por que não dizer cortesmente: "Prefiro não ouvir críticas sobre alguém que não está presente para se defender." Ou perguntar: "Por que acha que me interessa essa história sobre ele?"

Se você sabe algo que vai ferir ou macular a vida ou reputação de outra pessoa, enterre o caso. Esqueça-o. Encerre-o imediatamente. Ele descansará em paz. E você também.

Lembre-se: "Os grandes homens debatem sobre ideais; os médios, sobre acontecimentos; os MESQUINHOS, sobre as pessoas."

Sugestão para leitura:

GENUA, Robert L. "Managing your mouth." Amacon: 1992.

“Os tonéis vazios são os que maior barulho produzem.”

Buffon

JACTÂNCIA: O PESO DO "EU"

"Um homem cheio de si é sempre vazio."
G. Regismanset

Já lhe ocorreu alguma vez que há sílabas que são mais pesadas que outras? "Pá", por exemplo, é muito mais leve que "não".

"Pó", então, é muito mais pesado que "pão", e assim por diante. De todas as sílabas que existem em nossa língua, não há nenhuma mais pesada e difícil de carregar que "eu". Há casos de "eu" tão pesado, que a pessoa é derrubada e acaba soterrada sob toneladas de "eu".

O "eu". Todos nós temos um. É aquela parte de mim que está interessada em mim. É aquele impulso interior de ser reconhecido e satisfeito. É um dos impulsos mais fortes do nosso ser. Por isto é que se revela em nossas bocas.

Embora os homens pareçam ostentá-lo mais publicamente, as mulheres também possuem o seu "eu" bastante visível. Nenhum de nós funcionaria normalmente sem ele. Todos nós precisamos do "eu" para nos importarmos com o sucesso, com a nossa aparência e com o nosso bem-estar. O "eu" simplesmente precisa de um fator controle.

Contudo, quando o "eu" é deixado perambulando sem controle, ele nos coloca em toda sorte de problema. Parte desses problemas se encontram em nossas bocas.

O problema é que o peso do "eu" é tão grande que as pessoas chegam a se esquecer de outras sílabas também muito pesadas: "tu", por exemplo, ou em "você".

A jactância e o exagero são comuns quando se atribui muito peso ao "eu".

A jactância é um esporte social relativamente popular. As reuniões enfadonhas frequentemente florescem ao redor dos maiores e melhores fanfarrões. O fanfarrão é o indivíduo que mantém a conversa circulando ao seu redor e sobre as suas realizações.

Superficialmente, a jactância pode parecer um passatempo inocente. Afinal, "se eu consegui, por que não exibir"?

Alguns de nós chegaram à conclusão de que se nós mesmos não nos elogiarmos, quem o fará?

Apesar dessas justificativas frívolas, a jactância é um suicídio social. Mesmo as regras de comunicação mais básicas ordenam que falemos sobre os interesses das outras pessoas e não sobre nós mesmos.

Devemos tomar cuidado para o "eu" não atingir o grau de "nulidade inchada". Não importa o tamanho do seu zero, ele continua sendo um zero.

O grande homem é, sempre, um homem humilde. Não estou falando de "subserviência". Estou falando da humildade que nasce do reconhecimento – ou da descoberta – do peso ainda maior que tem a sílaba "tu". No mínimo, para ser feliz e viver em paz, o homem tem de descobrir que "eu" e "tu" são sílabas terrivelmente pesadas. E que a cada "tu" que encontrar pela vida, corresponde sempre um "eu". E que cada "eu", dos tantos que há pelo mundo, é o "tu" do companheiro que caminha ao seu lado.

Sugestão para leitura:

SCHLINK, Basilea. "Nunca mais serás o mesmo." Belo Horizonte: Betânia, 1988.

“Uma língua afiada é a única ferramenta cortante que se amola com o uso.”

Washington Irving

COMO VOCÊ DIZ AS COISAS?

"Toda espécie de feras, de aves, de répteis e de animais do mar,
se doma e tem sido domada pelo gênero humano,
mas a língua, nenhum homem a pode domar.
É mal incontido, está cheia de peçonha mortal.
Com ela bendizemos e com ela amaldiçoamos,
não convém que isto seja assim.
Pode a fonte jorrar do mesmo manancial
água doce e água amargosa?"
São Tiago

Você sabe falar? Não estou interessado em saber se você é capaz de subir num palanque e fazer um discurso. O que quero saber é se, na sua vida diária, você fala "conscientemente", ou seja, tendo sempre em mente o fato de que qualquer coisa que você diga tem o poder de afetar – positiva ou negativamente – todos os que o ouvem.

Conta-se que um monge estava caminhando no jardim do mosteiro durante um período de meditação. Encontrou outro monge, que estava fumando enquanto caminhava vagarosamente pelo pátio.

– Você obteve permissão para fumar durante a meditação? – perguntou o primeiro monge.

– Sim, obtive.

– Mas eu perguntei se poderia fumar durante a meditação, e não me permitiram.

– Você não se expressou apropriadamente. Você perguntou se poderia fumar durante a meditação. Eu perguntei se poderia meditar enquanto estivesse a fumar.

A maneira como você diz as coisas é tão importante quanto o que diz – às vezes, mais.

As pessoas que se orgulham de serem inteiramente francas, de sempre dizerem exatamente o que pensam, descobrem, mais cedo ou mais tarde, que isto prejudica os relacionamentos. Há ocasiões para uma atitude franca, sem rodeios, quando a verdade pura tem que ser expressa. De modo geral, no entanto, o bom relacionamento com outras pessoas requer uma atitude mais cuidadosa.

Todo cuidado é pouco quando você começa a falar. Pare e pense, por um momento, na importância das palavras.

Porque a verdade é que uma palavra é muito mais que um signo ou um símbolo. A palavra é uma espécie de imã, carregada como uma pilha pela energia da ideia expressa por ela. Além disto, o uso continuado de qualquer palavra, com o tempo acaba "carregando" todas as palavras com vestígios de erro, de negação, de poder destrutivo, e também de justiça, de beleza, de poder para criar, para dar força, para dar vida.

Reflita sobre este fato.

Todos sabemos que, não raras vezes, uma simples palavra de apoio é suficiente para renovar as energias de alguém que se sinta desanimado.

As palavras sempre chegam carregadas de energia. E é por isto que são tão perigosas: porque a energia das palavras é poderosa, mas pode ser "negativa", ou "positiva". Esta ideia é importante na vida diária, porque é você quem usa as palavras, aqui e agora, para comunicar ideias.

Mas é importante, também na vida diária, porque você se expressa pelas palavras. É como faca de dois gumes e – pior! – sem cabo. Depende, ao mesmo tempo, de como você diz e o que você quer dizer. Por sorte, sendo você o primeiro a falar, você ainda conserva o poder de dar o "tom" da conversa. De qualquer modo, em qualquer caso, para dizer seja lá o que for, há uma regra que não falha nunca: "Pense muito antes de falar!" Há outra de que eu me lembro agora: "Nunca deixe de dizer alguma coisa que, na sua opinião, possa fazer muita diferença."

Não sei da tua crença, mas peço a Deus para tornar suas palavras graciosas e ternas, pois talvez você precise engoli-las!

Não há prazer maior que a sensação de dizer ao fim do dia: "Tive um bom dia; vivi, pensei e falei com a firme intenção de fazer o bem."

Sugestão para leitura:

Livro de Tiago. "A guarda da língua." Cap. 3

“O bajulador: aquele que diz sem pensar o que o bajulado pensa de si mesmo sem dizer.”

G. Papini

BAJULAÇÃO *VERSUS* ELOGIO

"O maledicente é a pior das feras indomáveis, e o lisonjeiro, a pior das feras domesticadas."
Diógenes

Parecem ideias gêmeas, mas como no caso dos irmãos, há profundas e essenciais diferenças entre ambas.

O elogio é um bom hábito quando nasce da intenção sincera de dizer alguma coisa (sincera) sobre alguém ou sobre o que alguém faz. O verso da medalha – melhor: o "negativo" desta fotografia – é a bajulação, o elogio que não nasce de uma intenção sincera nem expressa uma opinião sincera sobre alguém ou sobre o que alguém faz.

Há graus de bajulação e há inúmeros motivos que podem levar alguém a praticá-la.

Levar uma maçã bem brilhante para a professora pode ser um gesto de bajulação, se é inspirado pela intenção, em troca da maçã, de conseguir uma nota melhor.

Há ocasiões em que, embora não haja qualquer gesto específico, temos a sensação de estar num determinado *clima* de bajulação: todos falam bem de todos, mas não há sinceridade nem emoção em nada do que se diz ou se ouve. O que há nestas situações é um terrível desperdício de energia. Homens e mulheres dedicando um empenho enorme em parecer solidários uns com os outros, quando poderiam estar praticando efetivamente a solidariedade, com a agravante de que, na maioria dos casos, é mais cansativo parecer solidário do que ser solidário.

A bajulação funciona como qualquer droga: vicia ao mesmo tempo cliente e fornecedor. E nos dois casos, a situação que se cria é extremamente difícil, tanto para um quanto para outro. O bajulador, diante de um viciado em bajulação, sabe que está segurando um tigre pelo rabo, e que a qualquer momento o tigre pode saltar sobre ele. Porque, como no caso das drogas, a bajulação em pequenas doses acaba perdendo o efeito, e é preciso oferecer ao viciado doses cada vez mais fortes. No caso das altas doses de bajulação, o risco que o bajulador corre é grave: a qualquer momento ele estará ultrapassando o limite que o bom senso tolera e, dali em diante, estará queimado para sempre.

Do ponto de vista do viciado em bajulação, o risco é que ele vive uma existência precária, sem ter os pés no chão, abrindo mão de sua capacidade de julgar e decidir por si só. Há bajuladores tão hábeis que conseguem manipular, com inacreditável eficiência, a vontade, o desejo e os planos de suas vítimas, as quais acabam como autênticas marionetes em suas mãos.

A bajulação, afinal de contas, é um jogo extremamente arriscado para todos que se envolvem nele, seja como cliente, seja como fornecedor.

Esqueça a bajulação como recurso para conseguir seja lá o que for. Elogie, sim, sempre que sentir sinceramente que alguém se saiu bem em determinada tarefa ou realização de qualquer tipo, porque o elogio sincero é uma das grandes ferramentas para abrir caminho e fazer amigos pela vida. Mas não pense que, mesmo com elogios sinceros, você conseguirá comprar sua paz de espírito, ou o respeito de seus semelhantes ou a consideração de seus superiores.

Sugestão para leitura:

STOWELL, Joseph. “Tongue in check.” Victor Books, 1983.

A disposição para vencer não é nada se você não tiver disposição para se preparar.

Anônimo

RECOMENDAÇÃO PARA GENTE JOVEM

Numa época de mudanças drásticas, os que estudam é que herdarão o futuro.
Eric Hoffer

Sempre após a palestra "Gerenciando Mudanças", sou procurado por alguém que deseja falar comigo em particular. Alguns deles são pais em busca de recomendações ou opiniões, como educador ou profissional de uma *learning organization* que sou, sobre como aconselhar seus filhos que ainda estão na escola.

Minha recomendação para esses jovens é adquirir uma ampla base de conhecimento. Aprender sobre história, ter uma postura questionadora mesmo diante de fatos que já aconteceram. Descobrir como o campo do conhecimento evoluiu. Adquirir conhecimento acerca de várias disciplinas e sua relação uma com a outra.

Desenvolver uma mente inquiridora que a force a elaborar perguntas que provoquem respostas profundas. Olhe além da superfície, pergunte continuamente "POR QUÊ?" Aprenda a ser criativo. Criatividade é uma habilidade desenvolvida.

As mais promissoras oportunidades no futuro envolverão coisas que não sonhamos até agora. Como a tecnologia evolui rapidamente, nossos jovens amadurecerão em meio a uma rápida mudança no ambiente de trabalho. Estudantes que enfocarem sua educação em um único ponto serão prisioneiros de suas especialidades. Mentes brilhantes não devem ter limitações.

Torne-se versado em uma gama ampla de assuntos e disciplinas. Esteja confortável com artes, humanidades e ciências.

Seja descontraído, entretanto sério nos estudos; esforce-se em dominar cada assunto, tenha garra para atingir os mais altos objetivos acadêmicos e uma sólida base de aprendizado para um futuro de aplicação do conhecimento.

Desenvolva sua habilidade de comunicação através de atividades ou cursos extracurriculares, aprenda como falar bem – formal e informalmente.

Aprenda a escrever bem. Você poderá facilmente escrever cartas, "memos", artigos e relatórios. O mais alto conhecimento e entendimento não terão valor se não forem comunicados a alguém que possa utilizá-los.

Leia livros e revistas de campos que estão se expandindo – o melhor conselho que recebi quando estava no colégio.

É bom ter uma visão geral acerca de coisas que estão acontecendo ao nosso redor.

Reforce sua habilidade para ouvir, pois será a sua grande qualidade.

Aperfeiçoe suas habilidades sociais, adquira a capacidade de conviver e comunicar-se com diferentes tipos de pessoas.

"Ignorância não mata, mas faz suar um bocado."
Provérbio haitiano.

Não importa o que você queira aprender ou o setor em que você trabalhe ou venha a trabalhar, a boa notícia é que há muita informação disponível. A má notícia é que geralmente há informações demais. Vejamos algumas estratégias básicas para ajudá-lo a encontrar as melhores fontes de informações e desafiar sua capacidade de aprender.

Exija o melhor. Comece com esta estratégia e estará começando com o pé direito. É simplesmente uma questão de bom senso e é a ideia básica da referência de nível. Se você está a fim de aprender a melhor maneira de fazer alguma coisa, procure alguém que a faça extraordinariamente bem e descubra como faz. Pergunte onde se encontram as melhores fontes de informação e quais são as habilidades mais importantes a serem dominadas. Faça perguntas como:

- Quais foram as lições mais valiosas que aprendeu para ser bem sucedido naquilo que faz?
- O que foi mais útil para você quando estava aprendendo os rudimentos de sua atividade?
- Quais são os maiores erros a serem evitados e os maiores obstáculos a serem vencidos?
- Quem mais me recomendaria para falar sobre isso?
- Quais livros e periódicos que deveria ler?
- Há cursos no campo que pretendo abraçar?

– Há associações profissionais às quais devo me associar?

– O que devo fazer para me manter atualizado?

As pessoas bem-sucedidas em qualquer atividade, geralmente são acessíveis e não se recusam a compartilhar boa parte do que sabem. Tudo o que pedem é um interesse sincero de sua parte e que não tome muito o seu tempo.

FINALIZANDO

Dois miseráveis sentados num banco da praça discutiam seus infortúnios.

– Estou aqui porque nunca dei ouvidos a ninguém – disse o primeiro.

– Gozado, – disse o segundo – pois olha, estou aqui porque sempre ouvi todo mundo.

Num mundo de rápida e permanente transformação, ninguém tem todas as respostas certas, porque ninguém sabe quais serão os problemas e as oportunidades. Tudo o que sabemos sobre o futuro é que as coisas serão muito diferentes. Ignorar as mudanças e continuar tocando os negócios como sempre, é de certo modo reagir como o primeiro dos párias. Seguir sem questionar o que alguém nos diz como se fosse a verdade evangélica é arriscar a sorte do segundo.

O que compete fazer a todos nós é ouvir, aprender e pensar continuamente, estarmos preparados para capitalizar o que quer que o futuro nos reserve. E é precisamente isso que gostaria que este "artigo" lhe transmitisse. Em vez de seguir cegamente minhas ideias, pondere sobre elas e aproveite as que você achar que poderão ajudá-lo na sua empresa e na sua carreira.

Segundo o falecido presidente americano John F. Kennedy: "Mudar é a lei da vida. E aqueles que olham apenas para o passado e o presente, certamente perderão o futuro." Seja o que for que o futuro lhe traga, uma coisa é certa: com a mudança maciça, virão oportunidades incríveis. Sabendo disto, nossa tarefa é ficarmos atentos ao que está acontecendo e preparados para agir com presteza. Os que o fizerem serão bafejados com um sucesso sem precedentes.

Boa sorte!

Sugestão para leitura:

DRYDEN, Gordon & VOS, Jeanette. "Revolucionando o aprendizado." Makron Books, 1996.

"

Ler proporciona a toda pessoa – pobre, rico, humilde, importante, a mesma oportunidade de passar tantas horas quantas quiser na companhia de homens e das mulheres mais eminentes que o mundo já produziu.

"

David O. McKay

A TRISTEZA QUE É UM LIVRO NÃO LIDO

"Abençoado seja Cadmus, o fenício,
ou seja quem foi que inventou o livro."
Thomas Carlyle

Certa vez, eu estava dando uma olhada num sebo (livraria de livros velhos), procurando entre os volumes de segunda mão que ali estavam, algum livro bom, um achado sempre muito agradável. Encontrei uma biografia de Daniel Webster publicado por volta de 1940. Como gosto de biografias, aquele me parecia bastante interessante e resolvi levá-lo.

A capa do livro estava um tanto gasta, dando a impressão de que fora lido muitas vezes. Comecei a imaginar que ele deveria ter sido uma espécie de tesouro na biblioteca de alguma família. Era possível que eles o tivessem emprestado a dezenas de conhecidos, e que esses leitores também se tivessem deliciado com ele. Mas não! Quando comecei a folhear o livro, percebi que as folhas dele não tinham sido bem aparadas e muitas delas teriam que ser abertas com espátulas. Essas páginas não cortadas eram uma prova clara de que o livro nunca fora lido. Exteriormente, dava a impressão de ter sido muito manuseado, mas, se o fora, tinha sido apenas para enfeitar uma estante, ou para escorar uma porta, ou para uma criança pequena sentar sobre ele e alcançar a mesa ao fazer as refeições. Aquele livro pode ter sido usado, mas certamente nunca fora lido.

Quem não está se desenvolvendo intelectualmente é como um livro cujas páginas ainda estão por cortar; não foram lidas. Pode até ter alguma utilidade, como era o caso daquele livro, mas teria muito mais valor se procurasse desenvolver e aguçar sua mente.

Quando uma pessoa toma a firme deliberação de utilizar sua mente com o propósito de crescer e se desenvolver, seu mundo interior ganha uma nova ordem. Assim que se dispõe a assumir o que eu chamo de ***disposição de crescer intelectualmente***, seu intelecto – que em muitos indivíduos é um aspecto bem pouco desenvolvido – ganha uma nova vida, com novas perspectivas.

Uma das muitas maneiras de nos desenvolvermos é através da leitura. Em nossa era, dominada pelos meios de comunicação de massa, os mais jovens estão tendo grande dificuldade para adquirir a disciplina da leitura, e esta talvez seja uma das maiores perdas de nosso tempo. Não há nada que substitua o conhecimento que se obtém através da leitura frequente.

Algumas pessoas não possuem mesmo um gosto natural pela leitura, e neste caso encontram mais dificuldade para ler. Mas até onde for possível, devemos nos forçar um pouco para adquirir o hábito de ler sistematicamente.

Eu gosto de estudar "temas empresariais". É rara a ocasião em que não estou lendo dois ou três relatos ao mesmo tempo.

Outros talvez prefiram livros de psicologia, teologia, história, ou uma obra de ficção. Mas todos nós precisamos estar sempre lendo um bom livro, ou mais de um, se possível. Quando converso com profissionais que confessam estar encontrando dificuldades para exercer suas atividades com eficiência, muitas vezes pergunto: ***"Que livros você tem lido ultimamente?"*** E é quase certo que, quando um profissional está fracassando em seu trabalho, ele não conseguirá dizer o nome de um livro que esteja lendo. E se ele não está lendo, é muito provável que não esteja crescendo também. E se não está se desenvolvendo, pode rapidamente tornar-se ineficiente.

No meu planejamento, separo um tempo mínimo de uma hora por dia para ler. Já aprendi que sempre que lemos devemos ter um lápis à mão para marcar os trechos mais importantes! Criei também uma série de sinais de códigos bastante simples, para me ajudar a lembrar de pensamentos e citações interessantes que devem ser coletados para aproveitamento futuro.

Sempre que estou lendo, vou anotando ideias e pensamentos que me ocorrem e que, mais tarde, podem tornar-se a base de um tema para reflexão ou *insight*. E muitas vezes ocorrem-me ideias que podem ser úteis para algum conhecido. Então geralmente copio aquela citação ou referência, e envio para a pessoa em questão, como uma forma de aconselhamento ou estímulo.

Quando leio um livro e sinto que ele me despertou muito, não só a mente, mas também o coração, procuro adquirir todos os outros trabalhos daquele autor. Além disso, anoto a bibliografia, notas de rodapé e outras informações, para ter o nome de livros que eu possa querer consultar mais tarde.

Outra coisa que aprendi a fazer nestes últimos anos foi indagar das pessoas que sei serem bons leitores: ***"O que você tem lido?"*** Gosto muito quando alguém pode me fornecer uma meia dúzia de títulos, e os coloco em minha lista de livros a serem lidos. É muito fácil identificar, em um grupo de indivíduos, aqueles que leem. É que sempre que alguém menciona um livro bom, os bons leitores logo pegam um papel e anotam o título e o nome do autor.

Sugestão para leitura:

CHATIER, Roger. "A aventura do livro: do leitor ao navegador." Tradução: Reginaldo de Moraes. São Paulo: Fundação Editora da UNESP, 1998.

“

Daqui a cinco anos você estará bem próximo de ser a mesma pessoa que é hoje, exceto por duas coisas: os livros que ler e as pessoas de quem se aproximar.

”

Charles Jones

AMIGOS:
RISCOS E RECOMPENSAS

Você tem um amigo íntimo? Não estou falando apenas de alguém que você convida para almoçar, mas sim de um amigo genuinamente íntimo, um amigo do tipo que você tinha na faculdade ou no colegial. O tipo de amigo com quem você conversa a respeito de toda e qualquer coisa. O tipo de amigo que apenas ria quando você dizia algo realmente idiota. O tipo de amigo com quem você podia ficar à vontade. O tipo de amigo que você sabia que estaria por perto se você precisasse de alguém com quem conversar, ou se estivesse em verdadeiro apuro ou se estivesse sofrendo.

O que aconteceu com esse tipo de amigo? Por que os homens não desenvolvem amizades adultas com essas mesmas qualidades de transparências e vulnerabilidades das amizades da nossa juventude?

Nosso mundo é um lugar muito estranho, onde nunca se pode agradar a todos ao mesmo tempo. Nós, os homens, mantemo-nos distanciados uns dos outros, só para provar que somos fortes individualistas, e no entanto todos sabemos que a maioria não é nada disso. Mas se quisermos ter uma amizade adulta com outro homem, os outros poderão pensar que somos homossexuais. Então nos escondemos por trás de uma máscara de "Machão", adotando uma falsa regra de conduta, que poderia ser denominada "Os cinco mandamentos da mascu-linidade":

– homem não pode chorar;

– não pode demonstrar fraqueza;

– não precisa de afeição, nem de carinho, nem de calor humano;

– pode consolar os outros, mas nunca precisará de consolo;

– podem precisar dele, mas ele não precisará de ninguém.

Após arrancarmos as páginas do calendário dos dias escolares que passaram, atacamos as tarefas de estabelecer uma carreira, escolher a futura companheira, iniciar uma família, construir uma vida e acumular coisas. Durante essa fase de "Construção" da vida não dispomos de muito tempo para os amigos – e a necessidade que sentimos não é tão grande assim. Afinal, uma esposa recente e filhos satisfazem muitas das nossas necessidades de relacionamento.

Mas à medida que o tempo marcha em frente, surgem dificuldades que precisam ser compartilhadas com pessoas com os mesmos problemas, a mesma experiência de vida. Percebemos a necessidade de termos amigos, amigos genuínos, mas amizades adultas são difíceis de começar e mais difíceis ainda de manter.

A maioria dos homens tem um déficit de amizade, seus balancetes estão vazios quando se trata de verdadeiros amigos. A maioria dos homens não sabe como fazer nascer um amigo verdadeiro, ou como ser um.

Podemos estar cercados por muitos conhecidos mas sem ter alguém com quem realmente possamos conversar. Não temos ninguém com quem possamos compartilhar os nossos sonhos e temores mais profundos. Não temos ninguém disposto a apenas ouvir, a apenas ser um amigo e ouvir, e nem sempre oferecer uma solução rápida.

Os amigos trazem riscos: rejeição, traição, vergonha, sentimentos magoados. Mas os amigos valem o risco, se pudermos aprender como encontrá-los.

Desculpe, quantos amigos você tem mesmo?

Sugestão para leitura:

SWINDOLL, R. Charles. "Vivendo sem máscaras:como cultivar relacionamentos abertos e leais."

I SAMUEL. A aliança entre Davi e Jonatas. Cap.20.

Isto é amizade.
Gosto de você, não apenas pelo que você é,
mas pelo que eu sou quando estou com você.
Gosto de você não apenas pelo que você fez de você mesmo,
mas pelo que você está fazendo de mim.
Gosto de você por saber extrair o que há de bom em mim.
Gosto de você por colocar a mão no meu coração
transbordante passando por cima de todas as coisas
frívolas e francas que você não pode deixar de ver,
e levando para a luz todas as coisas belas e radiantes que
jamais alguém encontrou por não ter procurado tão fundo.
Gosto de você por não dar atenção às possibilidades do tolo
que está dentro de mim aumentando minha música por me
escutar com reverência.
Gosto de você por estar me ajudando a construir com os
trastes da minha vida, não uma taverna e sim um templo, e
com minhas palavras, não uma censura, e sim uma canção.
Gosto de você por ter feito mais do que qualquer doutrina
para me fazer feliz.
Você o fez sem um toque, sem uma palavra, sem um sinal.
Você o fez sendo você mesmo.
Afinal de contas, ser amigo talvez seja isso.

Paula Diniz

AMIGOS ESPECIAIS

"Quão importante é você?
Mais do que você pensa. Um galo menos uma galinha igual a nenhum pintinho. KELLOG menos um fazendeiro igual a nada de flocos de milho.
Se fechar a fábrica de pregos, que bem faria a fábrica de martelos?
O gênio Paderewski não teria sido grande se o afinador de pianos tivesse comparecido.
Um fabricante de bolachas fará melhor se houver um fabricante de queijos.
O mais habilidoso cirurgião precisa do motorista da ambulância que traga o paciente.
Tal como Rodgers precisou de Hammerstein, assim você precisa de alguém e alguém precisa de você."

How important are you
United Technologies Corporation – 1983.

Visto que nenhum de nós é alguém completo, independente, autossuficiente, supercapaz e todo-poderoso, vamos deixar de agir como se o fôramos. A vida já é solitária o bastante sem termos de brincar com esse papel tolo.

O jogo terminou. Vamos nos unir.

Se já aprendi alguma coisa durante esta minha "caminhada", é que as pessoas precisam umas das outras. A presença de outras pessoas é essencial – pessoas que cuidam, pessoas que ajudam, pessoas que tiram da vida da gente o seu massacre. No tempo em que somos tentados a pensar que podemos cuidar sozinhos das coisas – bum! Corremos na direção de algum obstáculo e precisamos de ajuda. Nós descobrimos, tudo de novo, que não somos tão autossuficientes quanto pensávamos.

Apesar de nosso mundo de altas técnicas e de procedimentos eficientes, as pessoas continuam sendo o ingrediente essencial da vida. Mas quando nos esquecemos disto, acontece algo deveras estranho: começamos a tratar as pessoas como inconveniências e não como pontos vantajosos.

Foi exatamente isto que aconteceu com um pedreiro que tentou transferir duzentos e cinquenta quilos de tijolos do alto de um prédio de quatro andares para a calçada. Seu problema foi que tentou fazer tudo por sua conta. Ele explicou o que aconteceu no formulário da companhia de seguros: "Levaria muito tempo para descer os tijolos na mão, por isto resolvi pô-los numa barrica e baixá-la com o auxílio de uma roldana que instalei no alto do prédio. Depois de amarrar bem a corda do térreo, subi à cumeeira. Prendi a corda em volta da barrica com os tijolos e a suspendi sobre a calçada para descê-la.

Aí fui para a calçada e desamarrei a corda, segurando-a com força para descer a barrica devagar. Acontece que, como peso somente setenta quilos, a carga de duzentos e cinquenta quilos me ergueu do chão com tanta rapidez, que nem tive tempo de soltar a corda. E quando passei entre o segundo e o terceiro andar, choquei-me com a barrica que descia. Isto explica as escoriações na parte superior do corpo.

Segurei firme a corda até chegar lá em cima, e o resultado é que minha mão ficou presa na roldana. Foi aí que quebrei o polegar. Mas ao mesmo tempo, a barrica bateu violentamente na calçada, arrebentando o fundo. Sem os tijolos, ela passou a pesar só uns vinte quilos. Então meus setenta quilos despencaram e trombei novamente com a barrica subindo. Foi quando quebrei o tornozelo.

Embora um pouco mais devagar, continuei a descida e caí em cima da pilha de tijolos, o que explica a contusão nas costas e a fratura na espinha. Neste ponto, perdi a presença de espírito e soltei a corda. A barrica vazia caiu em cima de mim. Isto explica os ferimentos na minha cabeça.

Quanto à pergunta que vocês fazem no formulário: 'O que faria se a mesma situação se apresentasse novamente?', fiquem sabendo que, para mim, basta de querer fazer tudo sozinho."

Gosto de perguntar às pessoas como elas se tornaram naquilo que são. E quando assim faço, invariavelmente elas falam da influência ou do encorajamento de pessoas-chave de seu passado.

Eu gostaria de ser o primeiro a afirmar esse fato. Quando reconsidero a paisagem da minha vida, sou capaz de conectar indivíduos específicos a cada encruzilhada, e a todos os marcos principais. Algumas delas são pessoas sobre as quais o mundo nunca tomará conhecimento, pois são relativamente desconhecidas para o público em geral. Mas e para mim? Elas são absolutamente vitais. E algumas poucas dentre elas têm permanecido minhas amigas até este dia. Cada uma delas têm me ajudado a suspender uma carga, ou a resolver um conflito, realizar um objetivo ou suportar bem alguma provação e, finalmente, a rir de novo. Nem posso imaginar onde estaria se não fosse esse punhado de pessoas amigas que têm me enchido o coração de alegria. Vamos enfrentar a questão. Os amigos tornam a vida bem mais divertida. Concorda?

Sugestões para leitura:

SWINDOLL, R. Charles. "Laugh again."

Word Publishing, 1997.

Se eu não fosse imperador, desejaria ser professor. Não conheço missão mais nobre que a de dirigir as inteligências juvenis e preparar os homens do futuro.

D. Pedro II

QUERIDA PROFESSORA

"Ensina a criança no caminho em que deve andar,
e até quando envelhecer não se desviará dele."
Provérbios - 22:6

Querida professora, estou confiando meu filho aos seus cuidados durante este ano letivo, mas com alguma preocupação e com um certo grau de receio, próprios de um pai.

Meu filho tem um bem precioso – seu espírito. Minha função tem sido estimulá-lo e protegê-lo. Quero que faça o mesmo. Portanto, permita-me oferecer algumas sugestões que podem ajudá-la a compreender e apreciar meu menino e dar-lhe o tipo de orientação protetora que ele precisa nessa aventura conjunta que vocês iniciam.

Em primeiro lugar peço que, acima de tudo, acaricie e preserve seu espírito. Talvez ele não seja a criança mais inteligente da classe, mas seu espírito elevado será o mais radiante. Ele resplandece quando recebe elogios e estímulo, murcha quando prevalecem o descrédito e a humilhação.

O espírito de meu filho poderá impulsioná-lo em direção a uma vida na qual aplicará toda a sua energia com propósito, carinho e uma meta a ser conquistada, ou em direção a um futuro de rotina e mediocridade. Quero que avance em direção aos desafios, e não que se afaste deles. Quero que teste sua força contra as realidades cruéis da vida, imbuída de uma coragem interior que lhe garanta a capacidade de superar quaisquer obstáculos. Por favor, ajude o espírito de meu filho a crescer.

Um sentimento de autoestima está começando a surgir. Meu filho está começando a adquirir uma noção de si mesmo à medida que descobre quem é e do que é capaz. Entretanto, esse "eu" em desenvolvimento é frágil e caminha com passos vacilantes. Ele precisará de sua mão. Estimule-o à medida que inicia o caminho que deseja seguir, engatinhando quando deveria correr, comportando-se de forma passiva, quando você sabe que deveria liderar. Afinal, ele é jovem. Portanto, a inconsistência é seu comportamento-padrão.

Descubra suas habilidades, estimule suas capacidades, elogie suas conquistas e, ao mesmo tempo, identifique com tranquilidade suas limitações. E ajude-o a melhorar, evitando ou superando seja lá no que os obstáculos impeçam ou bloqueiem seu progresso. Ele sabe melhor do que você como superá-los. Por favor, ajude-o e proteja-o.

Meu filho chega às suas mãos ansioso por aprender coisas novas. Eu lhe peço, não o desaponte. Torne seus estudos estimulantes e agradáveis. Até hoje, sua vida tem se constituído principalmente de diversão. Suas experiências educacionais foram tão naturais quanto sua própria respiração. Por favor, mantenha o mesmo padrão. Dê prioridade ao que ele aprende, e não ao que você ensina, e transforme meu filho e seus colegas no foco de sua classe.

Finalmente, ajude-o a descobrir a maravilha e o entusiasmo do auto-conhecimento para que, ao final do ano, ele compreenda melhor o que pode e o que não pode pedir a si mesmo. Quero que deixe sua classe mais confiante em suas habilidades para o sucesso, mais competente como estudante e como pessoa, e mais bem preparado para subir o próximo degrau da escada educacional.

Este ano, você será uma das pessoas mais importantes em sua vida. Ele imitará seus valores e padrões ou os rejeitará. Lembrará dessa professora pelo resto de sua vida ou a esquecerá, sentindo-se magoado pelo que você se recusou a lhe dar. Desejo sinceramente que você seja alvo de sua admiração – estarei ao seu lado.

E, quando este ano terminar, dê-lhe um abraço e agradeça-lhe por fazer parte de sua vida, como espero lhe agradecer por fazer parte da vida dele.

Com amor e esperança,

o pai.

Sugestão para leitura:

BLUESTEIN, Jane. "Mentors, Masters and Mrs. MacGregor." Health Communications, Inc., 1995.

“

Se quer que seu filho se dê bem, gaste com ele o dobro do tempo e a metade do dinheiro.

”

Abigail Van Buren

PAI

"Quero que, um dia, meus filhos
sejam capazes de escrever esta carta."
Eu e milhares de outros pais.

Esta carta foi escrita para você, pai. Tenho consciência de que estas palavras poderiam, um dia, ser uma realidade, embora no momento presente as crianças não sejam capazes de expressar estes pensamentos para você ouvir. Seria bom ouvi-los enquanto você está influenciando e educando seus filhos, para que você tenha algum senso de sua missão enquanto a está realizando.

Querido Pai...

É hora de eu lhe escrever e dizer obrigado; devo-lhe um grande e totalmente abrangente obrigado por tudo que fui capaz de me tornar na vida.

Volto os olhos para toda a minha vida com uma profunda sensação de apreço e assombro por tudo que você tem sido para mim. Quando tive meus filhos é que comecei a compreender que pessoa fenomenal você tem sido para mim. Agora compreendo que empreendimento estupendo é toda essa coisa de ser pai, enquanto tento criar meus filhos para se tornarem pessoas não-limitadas, e ajudá-los a compreender seu maravilhoso potencial. Estou grato por ter tido um modelo tão perfeito.

Tenho vontade, e desejo ter a energia, o ímpeto, a excitação e a determinação para fazê-lo de forma tão magnífica quanto você. Quero ser específico e lhe dizer exatamente o que aprecio agora, como pai, e como o filho que adorou ter crescido com você.

Quero que saiba quão grato sou por ajudar-me a ser capaz de gozar a vida. Você foi sempre uma pessoa tão positiva, mesmo diante de épocas difíceis, e ajudou-me a ver sempre o lado positivo. Obrigado por não me ter mimado ou me dado sempre tudo que pedi. Agora sou capaz de conseguir as coisas sozinho, sem "esperar" que as coisas venham sempre ao meu encontro.

Posso recordar coisas positivas que fez. Nunca exigiu uma explicação de mim por meus erros ou comportamento impróprio. Sempre pareceu saber que eu nem sequer sabia por que motivo fazia certas coisas, e você não exigia explicações ou me obrigava a mentir, avaliando minha honestidade alto demais. Você tornou fácil ser honesto, esperando a honestidade, vivendo assim, e nunca me dando a chance de ter que lhe mentir.

Você me aceitava pelo que eu era e me ajudava a corrigir essas deficiências, em vez de me fazer cair na armadilha dos meus próprios erros e de tirar vantagem porque eu era pequeno. Hoje sinto um forte sentido de minha integridade. É porque você foi capaz de fazer o mesmo por mim todos esses anos. Hoje, no trabalho e com minha família, nunca tento pegar os outros fazendo algo errado. Lidero na convicção de que todas as pessoas são boas.

Você nunca fez coisas para mim que eu pudesse fazer sozinho. Sempre me incentivou a tentar coisas novas, a "ir atrás", a não me preocupar com o fracasso, mas sempre me concentrar em fazer e não me queixar. Você foi o maior incentivador do mundo, e até hoje descobri que pratico o incentivo com todos que encontro. Ontem mesmo eu disse ao meu filho para não se preocupar com o fracasso e ir em frente, e ser um escalador, em vez de um lamentador, e ainda vejo você lá, incintando-me a fazer o esforço, em lugar de presumir o pior. Ensinou-me o valor de depender de mim mesmo. Você sempre disse: "Esqueça o que todo mundo pensa. O que você acha?" Eu lhe serei eternamente grato por usar aquela frase comigo algumas vezes.

Quero lhe agradecer novamente por sempre cumprir suas promessas. Jamais me desapontou sem consultar-me primeiro e explicar-me por que algo que havíamos planejado precisaria ser mudado. Sempre tratou suas promessas a mim como contratos e ensinou-me a respeitar minha palavra e não dá-la levianamente.

Mais uma coisa: você era especial, realmente, para mim, perto da época do boletim. Lembro como todas as outras crianças temiam levar os boletins para casa, com medo do que os pais diriam. Conheci um garoto que, na verdade, trocava seu boletim e mentia aos pais sobre as notas sempre que o terrível dia do boletim chegava. Para mim, o dia do boletim era a época em que você perguntava se eu estava satisfeito com o meu progresso. Utilizava o boletim para ajudar-me a estabelecer alguns objetivos realistas e mesmo para ajudar a concentrar-me no que eu fazia na escola, em primeiro lugar.

Quero que saiba como dou valor à atenção que sempre me deu quando eu queria lhe falar sobre alguma coisa. Então, isto fazia com que me sentisse importante, e agora sei que ainda me sinto assim por causa de você. Ouvir é uma ferramenta maravilhosa! Você sempre pareceu aprender comigo, em vez de tentar ensinar-me alguma coisa, e não posso lhe dizer como me sentia bem ao saber que você realmente se importava o bastante para me ouvir.

Sempre pareceu lembrar a necessidade de me elogiar e me incentivar. Nunca censurou minhas deficiências, embora de alguma forma acredito que você era cego para meus defeitos, e que sabia que algumas palavras de elogio e encorajamento podiam me fazer vencer estas falhas temporárias. Estava certo.

Cada dia da minha vida lembro-me das lições fenomenais que você me deu com seus exemplos. Você me ensinou, simplesmente, a procurar soluções, não problemas, e a assumir responsabilidades por meus erros.

Eu poderia continuar esta carta interminavelmente, mas acho que sabe agora exatamente como me sinto. Você foi a luz brilhante que me deu a oportunidade de cintilar sozinho.

Você sabia o que queria realmente para seus filhos, e viveu para que eu visse isto todos os dias. Devo-lhe tanto, e contudo sinto que não lhe devo nada. Você não o fez para ser reembolsado; você o fez porque sabia, no fundo, exatamente o que queria realmente para seu filho. Obrigado! Amo você!

Sugestão para leitura:

DYER, Wayne W. "O que você quer para seus filhos." Rio de Janeiro: Record, 1995.

“Todo pai espera que seu filho se comporte como ele não se comportou quando tinha a sua idade.”

Kin Hubbard

NOSSO HERÓI: O PAI

"Um pai experiente sabe que um abraço silencioso cura a maioria das mágoas."
Pam Brown

Os pais são indivíduos comuns que se descobrem, de repente, responsáveis pela criação de um outro ser humano, por torná-lo uma pessoa gentil, honesta, educada e corajosa. Todos os pais merecem aplausos calorosos de todos os seus filhos gentis, honestos, educados, úteis, amorosos e corajosos.

Um brinde aos pais que são capazes de se dedicar a qualquer coisa. Que fazem aquilo que precisa ser feito. Que assoam narizinhos e trocam fraldas. Que descascam as batatas. Que consertam os canos das pias. Que batem os ovos, mexem o ensopado e picam os legumes. Que já puseram as crianças na cama quando a mamãe chega em casa de volta do trabalho. Que estão presentes quando deles se precisa. Que, com as mães, são o eixo do lar.

OBRIGADO POR TUDO!!!

Obrigado por me guiar durante tempos difíceis. Obrigado por todas as histórias. Obrigado por ter me ensinado o valor da cortesia e do respeito, sendo cortês e respeitoso comigo, desde que eu era pequenininho.

Obrigado por me fazer sentir que eu vinha em primeiro lugar, não importavam as exigências do seu tempo e do seu bolso.

Obrigado por criar regras – e torná-las flexíveis sempre que necessário. Obrigado por me ensinar a recompensa do silêncio.

Obrigado por todas as bicicletas consertadas, todos os brinquedos colados, todas as excursões cheias de mosquitos e carrapichos, por todas as demonstrações de como é que deveriam ser as coisas... Obrigado por me fazer acreditar que sou capaz de fazer alguma coisa bem.

Obrigado por percorrer o caminho ao meu lado – apontando os buracos e as poças escorregadias. Obrigado por reconhecer o momento em que eu podia perceber as coisas por mim mesmo – e me deixar seguir sozinho. Mas nunca totalmente sozinho. Obrigado... Obrigado... Obrigado por tudo, tudo mesmo!

Faço um brinde a você. A todos os pais que tiveram suas vidas viradas de cabeça para baixo pela situação da economia. Que de um só golpe perderam prestígio, rotina, renda e amigos. E mesmo assim sobrevivem – e fazem uma vida nova em folha. Que descobrem novas capacidades.

Que usam o tempo extra para construir: do que seria uma ruína, numa vida mais rica, mais feliz para seus filhos... e para suas esposas. E para si mesmos. Começando tudo de novo.

Nas memórias da infância, você está ao meu lado, ouvindo, explicando, me afagando... Você será sempre parte de mim, Pai.

Sugestão para leitura:

PAM, Brown. "To a very special dad." Helen Exley, 1993.

A decisão de ter um filho
é muito séria.
É decidir ter, para sempre,
o coração fora do corpo.

Elizabeth Stone

QUERIDA MÃE, OBRIGADO...

Obrigado por me criar com amor. Obrigado por conversar comigo e me fazer companhia enquanto eu estava na barriga. Obrigado por não me retribuir as pancadas, enquanto eu chutava por dentro. Obrigado por não alegar seus enjoos matinais do primeiro trimestre, seus tornozelos inchados e suas dezessete horas, trinta e três minutos e dezesseis segundos de trabalho de parto.

Obrigado por dizer que meu nascimento foi o dia mais extraordinário da sua vida.

Obrigado por desamassar as minhas orelhas quando eu deitava de barriga para baixo. Obrigado por soprar beijocas com barulho de traque na minha barriga. Obrigado por dizer: "Mamãe... mamãe... mamãe" um milhão de vezes, até finalmente eu conseguir repetir.

Obrigado por nunca se esquecer de me alimentar. Obrigado por pegar do chão a minha colher ou a minha tigela doze vezes por refeição. Obrigado por me fazer abrir a boca dizendo: "Lá vai o aviãozinho." Obrigado por limpar a sujeira todas as vezes que o aviãozinho encontrava turbulência e se derramava todo em cima de você.

Obrigado por me treinar para usar o penico e ficar tão orgulhosa quando eu consegui fazer direito. Obrigado por me dizer que não tinha importância eu cair, que o "dodói" logo passava. Obrigado por se manter calma durante os meus terríveis dois anos e os meus totalmente exaustivos três anos e os meus pavorosos quatro anos e... obrigado por não me deixar ser "a causa da sua loucura".

Obrigado por limpar meus bigodes de chocolate com seu onipresente paninho úmido. Obrigado por passar cuspe nos dedos para abaixar aquele meu cacho de cabelo rebelde. Obrigado por limpar os meus ouvidos, dizendo que era para eu não ter orelhas cabeludas, feito o vovô.

Obrigado por dizer a todas as suas amigas que eu era uma criança-prodígio.

Obrigado por... Obrigado por... Não, o óleo de fígado de bacalhau não vale um muito obrigado. Obrigado por me prometer que o tempo curava todas as feridas (a não ser que eu arrancasse as cascas).

Obrigado por seus sorrisos maravilhosos. Obrigado por me ensinar a agradecer. Obrigado por me distrair antes do médico me dar injeção. Obrigado por pedir ao médico para me dar um pirulito. Obrigado por seus enormes abraços e beijos.

Obrigado por uma infância extraordinária. Obrigado por me preparar para a vida adulta. Obrigado por me dedicar os melhores anos de sua vida. Obrigado por seus sacrifícios.

Obrigado por ser minha. E, acima de tudo, por ser a melhor mãe do mundo!

Sugestão para leitura:

MATTHEWS, Scott. "Dear Mom, thank you for being mine." 1993

Depois de algum tempo.
Depois de algum tempo, você aprende a diferença sutil
entre segurar a mão de alguém e escravizar uma alma,
aprende que amor não significa dependência e companhia
não significa segurança,
que beijos não são contratos e
presentes não são promessas,
passa a aceitar os seus defeitos com a cabeça erguida e os
olhos abertos, com a elegância de um adulto,
não com o pesar de uma criança.
Aprende a abrir todos os seus caminhos
hoje porque o futuro
é muito incerto para fazer planos.
Aprende que até mesmo a luz solar queima
se você se expuser muito.
Então plante seu próprio jardim e embeleze a sua própria
alma, em vez de esperar que alguém traga-lhe flores.
E você aprende que realmente pode resistir...
Que é forte, e tem valor.

Autor desconhecido

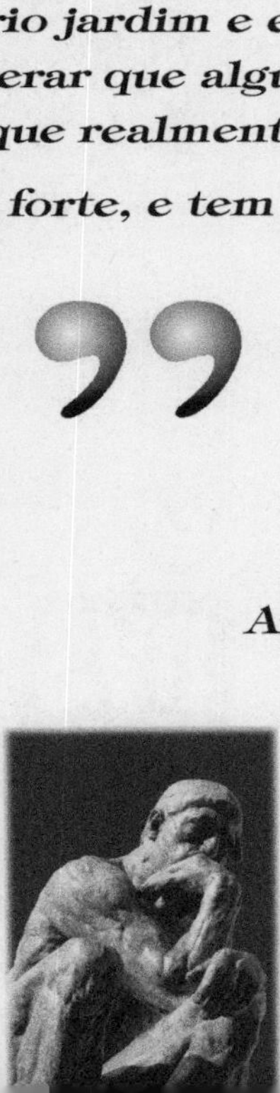

CONHEÇA OUTROS TÍTULOS DO AUTOR:

INSIGHT vol 2

FÊNIX
RENASCENDO DAS CINZAS

RECARREGANDO A BATERIA HUMANA

DVS
EDITORA

DVS Editora Ltda.
www.dvseditora.com.br